流程化 标准化 系统化

/ 高瑞锋◆著 /

中国财富出版社

图书在版编目（CIP）数据

流程化　标准化　系统化/高瑞锋著．—北京：中国财富出版社，2019.12

ISBN 978-7-5047-7053-0

Ⅰ.①流…　Ⅱ.①高…　Ⅲ.①企业利润—企业管理—研究　Ⅳ.①F275.4

中国版本图书馆CIP数据核字（2019）第268189号

策划编辑　周　畅　　责任编辑　王　君

责任印制　尚立业　　责任校对　卓闪闪　　责任发行　白　昕

出版发行　中国财富出版社

社　　址　北京市丰台区南四环西路188号5区20楼　　邮政编码　100070

电　　话　010-52227588转2098（发行部）　010-52227588转321（总编室）

010-52227588转100（读者服务部）010-52227588转305（质检部）

网　　址　http://www.cfpress.com.cn

经　　销　新华书店

印　　刷　北京京都六环印刷厂

书　　号　ISBN 978-7-5047-7053-0/F·3109

开　　本　710mm×1000mm　1/16　　版　　次　2020年5月第1版

印　　张　14.5　　印　　次　2020年5月第1次印刷

字　　数　161千字　　定　　价　52.00元

前　言

曾经有企业家问：“如何才能够打造一套盈利系统呢?”一套系统既要能够取代部分人的管理，还要规范人的操作，更要给企业带来效益和口碑。本书一共十章，以建造“金字塔”的形式一层一层教大家如何打造一套盈利系统。第一章——商业的决定性根基。一家企业需要了解资本，因为资本是企业发展的基础，企业要懂得如何获得资本，怎样使用资本。第二章——商业的需求与价值。商业的核心是需求，需求是拉动商业发展的基础，企业生产、营销的产品满足市场需求才能够盈利。第三章——市场调研的意义与方向。手把手教企业管理者如何市场调研。俗话说：“知己知彼，百战不殆。”如果一个企业能够了解市场，了解客户，了解自己的竞争对手，就能够制定出有针对性的策略。第四章——市场定位。什么是给自己定位？给自己定位就是找到自己的优势和劣势，扬长避短，让企业的经营活动更有针对性。第五章——产品定位的作用。产品定位有五大作用，即客户引流、养活员工、解决公司运营问题、确保组织盈利和制造赚钱机会。每个企业都需要对自己生产的产品或者正在研发的产品把脉，通过营销产品实现企业的相关目标。第六章——打造高绩效团队。一家企业如果没有这样一支团队，恐怕就无法做好管理、运营工作。第七章——打造畅销产品。一家企业如果有一款畅销产品，就能把企业带动起来。打造畅销产品是盈利体系的重要一环。第八章——打造有效的商业模式。对于一家企业而言，选择一个适合自己的商业模式是长久盈利的基础。第九章——企业爆发的有效策略。只有懂策略的企业管理者才能够把企业“玩”得更好。商场如战场，不懂战术谋略的企业很难在市场上立足。这一章讲述了九种策略，这些策略都是经典的、经过实践证明的好策略。第十章——企业运行的十大重点。企业管理者既要树立权威，又要收获人心，既要有舍有得，又要管理适当。

本书从第一章到第十章，将这套盈利系统进行层层分解。读完本书后，读者能够清晰地了解什么是盈利系统，盈利系统包括哪些环节，管理的核心是什么。这套系统涵盖了谋略、方法、智慧。管理的本质是什么？是一群人影响另一群人。读者如果读完这本书，也就能够了解并基本掌握盈利系统的搭建方法。与此同时，笔者由衷感谢本书编辑和出版社的鼎力支持，有了这些支持，本书才得以与读者早日见面。

目　录

第一章
商业的决定性根基

1. 资本决定商业基础

有人说："资本决定一切。"这句话对吗？可能许多人会反对，他们认为，资本只是关键因素之一，并非决定一切的因素。不管如何，资本对于商业而言，是非常重要的。在某些特定条件下，没有资本也就没有商业。资本是商业发展的基础：有资本注入，商业发展会变快；没有资本注入，商业发展会变慢。

"海归"王某在海外多年，掌握了一项核心技术，这项技术如果能够变成产品，将会带来巨大的经济财富。于是，王某决定回国创业。回到国内，王某启动了创业计划，并通过相关部门招商，拿到了一块土地。

王某虽然有一点积蓄，但是并不足以支持他创业，于是他想到了贷款。通过贷款的方式，王某建起了厂房，招纳了员工，打造了一条非常简单的产业链，正式开始了生产经营。受生产条件的约束，企业的产量不高，而且没有足够的资金支持研发，这令王某非常头疼。

后来王某经朋友介绍，认为了一位业内有名的投资人。为了拿到投资，王某准备得非常充分。两个人见面之后，很快就达成了共识。投资人决定以入股20%的形式投资3000万元，王某拿到资本之后，迅速对企业进行升级。半年之后，王某的企业有了很大的变化，企业趋于稳定，效益逐步上升，产业链也渐渐完善。一年之后，王某再次拿到1.2亿元的投资，企业在巨额资本的注入下，插上了腾飞的翅膀。

人们常说："钱多好办事。"虽然资本不是"上帝"，但它是企业发展的助推器。早些年，许多企业吸收资本时采取比较传统的方式。这些方式有以下几种。一是贷款。贷款是一个门槛较高的方式，许多企业因不具备贷款资质而被相关金融机构拒之门外，尤其是中小型企业，常常求财无门。二是集资。许多企业都进行过内部集资，通过集资可以快速获得基础资本。以某化工企业为例，该企业拥有员工2000人，为了企业发展并给予员工股份福利，该企业进行了内部集资，每一名员工交纳4万元，然后获得2000股企业股。通过这种方式，企业快速获得了1亿元的资本（企业中高层交纳金额更高），并将该资本投入企业的生产经营中。另外，一些商业机构拥有良好的社会形象和品牌口碑。在此基础上，这些企业能够吸引社会资本，并壮大自己。三是招商引资。如前面的案例，"海归"创业者王某借助项目和技术优势吸引了两笔资本，一笔3000万元，另一笔1.2亿元，通过吸纳资本，他迅速扩大了企业生产经营规模。四是众筹。如今，许多小微企业主拥有不错的想法和创意，通过众筹的方式也能够吸纳社会资本。

资本越多，商业基础也就越牢固。综观世界，许多企业因为缺乏资本或者资金链断裂而破产。

某化工企业拥有不错的技术，但是经历了市场动荡和市场洗牌后，该企业的效益下滑明显，资金问题也暴露出来了。如果这家企业能够拿到资本，然后进行整体的升级和转型，就会彻底走出泥潭，焕发活力。

无奈的是，这家企业没有拿到资本，企业老板只能眼睁睁地看着企业滑向深渊。一年之后，该企业宣布停产。换句话说，该企业因为缺乏必要的产能升级吸引不到资本而停业。

后来，省外一家化工集团通过低价收购的方式拿到了该化工企业的生产和管理资格，并先期投资 2 亿元对企业进行设备更换和相关升级。成功升级之后，该化工企业恢复了生产，并开始微利运行。不久后，集团再次注入 8 亿元对企业进行升级和转型，对企业的员工进行专业培训，并与业内相关研发机构进行深度合作，打造了一条新产业链。新产业链上线之后，这家化工企业的效益有了长足的提高，员工收入稳定，企业稳步前进，并且重新达到了获得银行贷款的门槛。

集团再次投入 20 亿元对该化工企业进行升级，并且帮助企业拿到了商业银行的贷款。此时的化工企业已经发展到拥有 3000 名员工、年收入 70 亿元、利润 4 亿元的规模。该企业的员工说："资本拯救了我们。"

资本是基础，资本运作是商业运行的终极密码。商业机构除了要拥有资本，还需要拥有资本思维。如果我们把资本当作一个杠杆，这个杠杆可以用来撬起更多资本。投入资本的目的是"用钱生钱"。拥有资本运作的能力或者资本思维，才能够赋予资本生命。

对于创业者而言，获得更多的资本投资是重要的成功条件之一；对于成熟的企业而言，将现有资本转化为更多的资本是走向"深海"的主要方式；对于金融机构而言，吸纳社会资本并提供增值服务是关键所在。不管如何，资本是先决条件，有了资本才有商业基础。

2. 企业如何获得资本

一家企业想要快速而良好地发展，就需要募集到更多、更好的资本。资本不仅指资金，还包括非金钱方面的资本，如人力资本、技术资本、环境资本等。

（1）人力资本就是人力资源。

随着社会的发展，人的作用越来越显著，人与资金同样重要。有一位企业家说："人力资源是企业最重要的资源，人是财富和资本的制造者，拥有人才就拥有一切。"许多企业在创业之初就把人力资源放在首位。

如何才能招募到优秀人才呢？如今，人才与企业的关系更像是联姻或者合伙，人才选择企业是自由的，企业选择人才也是如此。企业要尊重人才，给相关人才提供良好的工作环境，给人才设定优秀的愿景规划，让人才接受企业的管理和岗位安置，给人才以激励，给人才带来归属感。只有这样，人才才会来到企业，安心工作，才能够成为企业的骨干。人才招募的传统方式有人才市场招聘和社会媒体招聘等，现代的方式有互联网招聘等。不过，人力资本与人力资源还是有一点区别的——人力资本相比之下更加注重人的绩效，人的绩效决定企业的经营业绩。企业是一个营利组织，追求利益最大化是终极目标，提高人的绩效是重点。

（2）技术资本同样是非常重要的。

技术决定生产力是不容置疑的。有一家企业从事生物化工产品的研发、生产与营销，该企业在技术研发方面投资巨大。2013 年，这家企业从德国聘请专家团队，并斥资数亿元引入新技术和新设备，之后，该企业发生了质的变化。

首先，该企业的技术得到了升级，进一步延伸了产业链，生产的化工产品种类由十四种增加到了四十种，高市场附加值的产品给企业带来了巨大的经济效益。

其次，企业技术完善之后带来了生产效率的提升。据该企业相关部门统计，技术升级之后与技术升级之前相比，生产员工的 KPI（关键绩效指标）提升了 25%。绩效的提升，同样给企业发展带来了帮助。

最后，技术提升让企业在环保市场中更具有竞争力和说服力。

总之，技术资本给企业的发展带来了巨大的帮助。引进技术，增强技术优势，加大技术创新力度，是企业发展的永恒话题。如何才能引进技术资本呢？

第一，企业管理者要有足够长远的战略目光和强大的魄力。提升技术不是一句空话，需要实际行动和谋划市场、定位市场的眼界。第二，想要引入技术资本需要足够的资金资本，企业在引入技术资本之前需要解决资金问题。第三，企业在引入技术资本之前，需要对企业员工进行培训，人与技术相结合，才能够保障技术资本发挥作用。

引进技术资本的方式有很多种，引进技术团队是较为直接和快速的方式，技术团队能够给企业带来技术和技术性人才。引进技术设备同样是一种好办法，前提条件是企业对项目进行科学论证，并且对员工进行专业培养和定向培养。

（3）环境资本也叫作第三资本。

环境资本包括自然环境资本和社会环境资本。众所周知，企业的发展离不开环境。在这个环境中，供应商、客户、投资人、社区等因素均对企业的发展产生影响。

供应商是企业的上游单位，寻找并发展可靠的供应商是企业发展之根本。企业在挑选供应商时，要对供应商的综合实力、品牌口碑进行综合考量，从而选择最佳供应商，并建立供货档案。

客户是企业的下游单位，企业的营销业绩是通过营销客户得到的。因此，客户的质量和数量决定企业的营销业绩。如今，所有的企业都重视客户资源的挖掘，客户资源同样是一种资本。

投资人是企业的投资者，也是现金资本、技术资本的入股者。企业的重要资本大多数是投资人带来的。一方面，企业要为投资人赚钱；另一方面，企业要吸引投资人的关注，提升吸引资本的能力。

社区通常是企业所在地，企业同样要协调好与社区的关系。

除以上几种资本形式之外，金钱资本是企业发展极其重要的资本。企业想要获得金钱资本，方式有很多。除前文所述几种方式之外，还有以下两种。一是寻找合伙人。企业要寻找合伙人，就需要拿出足够打动人的诚意和实力。有一位企业管理者说：“合伙人就是志趣相投又想赚一桶金的人，他可能注入 100 万元的资金，但是他想要拿到 200 万元的回报。”二是积累财富。许多企业创始人在创办企业之前，已经完成了资本积累。还有一些年轻创业者通过自己的辛勤汗水实现原始资本的积累。有了充足的资本，创业之路将会变得顺畅。

总之，资本是企业发展的重要资源。企业离不开各种各样的资本，为了长远发展，需要打通资本渠道，引入资本。

3. 企业的兵、权、钱战略

企业要想做大做强，仅有资源和资本是万万不够的，管理者还要有一定的管理智慧，解决企业存在的管理问题，才能够把企业带入发展轨道上。宋朝有一个有名的政治家叫赵普，他采取兵、权、钱战略，一举解决了中央集权存在的管理风险。

第一个战略是兵。北宋采取了“杯酒释兵权”措施，削弱了朝中诸将的兵权。范浚认为唐朝之所以灭亡，就是因为君主没有掌握兵权。兵权旁落，再无战斗之力。赵普多次进言：“臣也不担心他们会背叛陛下，但是如果他们的部下贪图富贵，有作孽之人拥戴他们，他们能够自主吗？”因此，削弱诸将的兵权非常急迫。宋太祖听从了赵普的建议，于是借助一场宴会向各个朝中大将传话。

诸将知道，天子让他们交出兵权，他们就必须交权，交出兵权才能够颐养天年。于是，那些手握重兵的老臣纷纷交出兵权。收回兵权的宋太祖完成了中央集权的建设，并适当授权给一些年轻兵将。

“杯酒释兵权”在企业管理中就是加强对人的管理。众所周知，企业能够管住人，也就能够稳住大盘。许多知名的企业都有完善的、科学的管理体系。想要管好人，首先要控权，然后在控权的基础上进行授权。只有这样，企业才能够解决员工的管理问题，牢牢掌握人力资本。

第二个战略是权。这里的“权”特指发兵权，也就是说，没有宋太祖的命令，将领是无法发兵的。有人会问：“如果军中有紧急事情需要处理，也不能先斩后奏吗？”事实上，这样是不行的。同理，许多企业都在各个区域设立分部，分部拥有自主经营权，比如营销权、管理权等，但是绝大多数的分部并没有员工的任命权和调配权。为何许多企业要把员工的任命权和调配权紧紧抓在手里呢？

有一家企业的老板是一个非常讲究人性化管理的人，在授权方面做得非常到位。因此，这位企业老板有大量的时间去游学。有一年，这个老板不得不回企业处理一件非常棘手的事情。某分部错误任命了一名员工，这名员工收受贿赂，给企业造成了重大损失。后来，这位老板意识到了控权的重要性。所谓控权，就是要控制住用人权，尤其是企业干部的任命权。或许有人会问："难道企业管理者就不会看走眼吗?"当然，这种情况无法避免，但是管理者掌握任命权、调配权能够规避许多选人风险，所以说将任命权、调配权抓在自己手中对管理者来说是非常重要的。

第三个战略是钱。钱是企业的根本，有了钱，企业链条才能够转动起来。北宋时期，宋太祖听从建议制定了削弱地方财权的政策，也就是历史上著名的"制其钱谷"。宋太祖发布了一条诏令，在全国各地设置转运使，要求所有县市所收纳的赋税，除留有少量应付日常之外，绝大部分都必须上缴中央政府，自己不得占用。通过这个方式，地方财权被收归中央了。

在企业中，一般钱都由老板亲自管理，或者由老板最信任的人去管理。有一个民营企业，老板负责决策和主要事项的管理，老板的妻子负责财务，老板的儿子主抓业务。现实中，绝大多数的成功的民营企业，财权都是老板管理的。这家企业的老板说："企业赚了钱，不能全部装进自己的腰包，而是需要将这些钱进行分配。企业采购、设备维护等需要钱，工资福利发放需要钱，企业运营需要钱，市场维护需要钱。只有将赚到的钱科学、合理地分配，企业才能够做到用钱生钱。”

现代大型企业，财务通常由专业人才进行管理，设有责任制度完善的部门及相关监督部门。因此，企业管理者在紧抓钱权的同时，更要建设完善的财务管理体系，借助体系去管理财务、规范财务，让钱的分配合理有效，降低财务管理风险。

除兵、权、钱之外，企业管理者须厘清时间与金钱的关系。俗话说：“时间就是金钱。”根据时间与金钱的关系，我们可以得出这样一个结论：让有钱没有时间的人花钱来买时间，让有时间没钱的人来花时间赚钱。在企业管理中，一个企业如果能够给客户提供与时间相关的服务，就可以从与时间相关的服务中赚得一桶金；一个企业如果能够给人才提供优质的舞台，让他们充分发挥自己的才华、有效利用时间，就可以帮助企业实现利益最大化。

第二章
商业的需求与价值

1. 商业核心之需求

商业是怎么产生的呢？首先，人们有需求，需求是产生商业的基础。其次，需求可以转化成消费的动机，提供商品的人也就成了厂家，有了厂家就形成了商业。

如今，人们的物质生活水平与精神生活水平有了较大提高，人们的需求也比过去有了更为明显的改变。

需求是商业的核心之一，也是拉动商业发展的原始动力。绝大多数年轻人有购买房子的刚需，因此房产消费就是一种重要的商业消费，而这一类住房也叫商品房。商品房就是一种商品。一个企业想要在竞争激烈的商业市场中分得一杯羹，就需要深挖客户的需求，为客户提供满足其需求的商品和服务。

百事是世界知名的饮品公司。该公司有一句经典广告语：渴望无限。这句广告语深入人心，并激发出消费者的消费需求。一瓶百事可乐的价格为几元，几乎所有的消费者都能消费得起。在炎炎烈日之下，喝一瓶冰镇的百事可乐逐渐成了一种潮流。

耐克是一家世界有名的体育用品公司。有着篮球之神美称的迈克尔·乔丹就是耐克旗下的广告明星，通过乔丹的全球影响力，耐克旗下的子品牌飞人乔丹取得了巨大的成功。如今，许多篮球爱好者都希望穿着飞人乔丹战靴打比赛。有一个乔丹迷曾经说："穿飞人乔丹战靴打球，才能感受到篮球带来的激情。"换句话说，对他来说，飞人乔丹鞋已经是篮球的化身、激情的化身了。耐克生产的体育用品品种多，科技含量高，深受广大消费者喜欢。现在，大街小巷都有穿着耐克、阿迪达斯、彪马、李宁、安踏等知名运动品牌进行运动的人们。有些运动品牌向高端客户提供更为人性化的定制服务，只要客户有需求，并支付报酬，商家就满足客户的需求。

著名心理学家马斯洛曾经提出需求层次理论，需求层次理论不仅能够解释人的心理需求层次，而且是一个经济学概念。马斯洛在《人类动机的理论》一书中表示：人要生存，他的需要能够影响他的行为。只有未得到满足的需要能够影响行为，满足了的需要不能充当激励工具。人的需要按重要性和层次性排成一定的次序，从基本的（如食物和住房需要）到复杂的（如自我实现需要）。当某一级的需要得到最低限度满足后，人才会追求高一级的需要，如此逐级上升。

需求层次的提升直接拉动消费水平的提升。当一个人的低层次需求得到满足之后，原有的物质和精神刺激将会逐渐失效，而更高级的需求将会起到正面激励的作用。以一个普通人为例，最初他的需求是填饱肚子，当他能够填饱肚子的时候，他就开始寻找一个安全的栖息之地，也就是有了安全需求。吃住都得到满足了，他的需求层次会进一步提升，社交活动、休闲活动将会越来越多，他也会产生相应的需求。想要满足他的需求，各商家就需要研究他的需求偏好，然后投其所好。如果他喜欢运动，与运动相关的商品就会产生销量；如果他喜欢美食，与美食相关的商品就会产生销量。

许多商家为了吸引顾客，想方设法激发顾客的消费需求。著名的咖啡连锁店星巴克有这样一句广告语：总有一天会有某个人、某件事物让我停下来，就像星巴克咖啡一样。星巴克咖啡并没有像可口可乐、耐克、百事、肯德基等品牌疯狂地打广告，而是在“内容营销”方面下功夫。什么是“内容营销”呢？简言之，就是讲故事、卖故事。如今，许多年轻消费者喜欢这种文艺气息较浓的广告，而星巴克的故事恰恰有足够的吸引力。事实上，星巴克的做法也是一种投其所好的做法。投其所好，吸引顾客关注，顾客就会自掏腰包。

对于广大企业而言，想要抓住消费者，就要抓住消费者的需求。消费者需要牙刷，企业就生产牙刷；消费者需要自行车，企业就提供自行车。亚德里安·斯莱沃斯基在《需求》一书中表示：在需求的世界里，只找出现有产品的缺点是远远不够的，你创造出的这款替代性新产品，要有足够的魅力以激发出客户的热情，吸引客户的关注，并驱动客户改变之前的行为方式。换句话说，新的需求，永远来自富有魔力的产品。一款魔力产品必须拥有卓越的性能：好用、价格实惠、方便省事、减少麻烦。但是，我们一再强调，功能本身并不能创造出魔力。企业能够向消费者提供富有魔力的产品，是激发消费者需求和消费热情的重要方式。

有一位管理学者认为：商家永远不要被消费者牵着鼻子走，而是应该主动向消费者提供需求选择项，让消费者去选择。

2. 商业核心之价值

商业的另一个核心是价值。什么是价值呢？价值特指客体的使用属性与功能同主体需要之间的哲学效用关系。一个人有吃饭的需要，能够解决吃饭问题的食品将会满足他的需要并产生相关价值。有人问："有价值的东西一定有相应的商品价格吗？"如果将它放在一个经济市场环境下，有价值的产品将会对应着某个价格。

价值与金钱存在着必要的关联。一个人购买一件商品时，需要支付相应的价格。一个企业生产一件产品，也需要购买相关的原料，并花钱组织生产。对于企业老板而言，首先要做的一件事是把钱从市场上拿回来。如何才能够拿到钱呢？通常有以下三种途径。第一种，市场，即商业市场。企业提供产品，消费者购买产品，消费者付款给企业，企业从而获得金钱。企业与消费者的关系不仅是一种单纯的买卖关系，而且是一种合作关系。企业与消费者的关系越牢固，产生的金钱价值也就越大。因此，企业都在想尽办法与消费者搞好关系，建立稳定的合作关系，提升消费者的满意度与忠诚度。

第二种，渠道。渠道是什么？渠道就是代理商与合作伙伴。许多企业将产品批发给代理商，代理商再进行终端销售。发展代理商与合作伙伴是一种快速打通渠道的方式，企业提供充足的货源，代理商提供优质的批量客户。通过合作，企业从渠道中获得金钱，代理商与合作伙伴通过分销获得金钱。第三种，入股与借贷。入股与借贷是募集资金的方式，对于急需资金扩大规模的企业而言，入股与借贷是十分快速且有效的。入股的方式多种多样，较为常见的是员工内购企业的股份。借贷分为银行借贷与民间借贷，其中银行借贷正规合法，但是门槛较高，手续复杂，因此倒逼许多中小型企业进行民间借贷，民间借贷存在较高的风险。

企业通过以上三种途径从市场上拿到钱，拿到钱后就有充足的资金去完成企业的升级改造与发展了。

什么样的产品是有价值的产品呢？

许多人喜欢吃休闲食品，比如坚果，坚果不仅好吃，而且有一定的营养价值。许多企业为了迎合消费者的消费需求，开始生产休闲食品。以三只松鼠为例，三只松鼠通过融资与天使投资等方式获得资本，并开始生产、加工、销售休闲食品。该企业的核心经营思想是让消费者认识三只松鼠品牌，让产品到达消费者手中的速度更快，让消费者得到最具个性化的服务，让产品更安全。三只松鼠的核心经营思想主要体现在四个方面，即品牌、速度、服务、品质。

消费者需要高质量的休闲食品，只有高质量的休闲食品才能够满足他们的需求，才能够让他们果断掏腰包；如果企业提供的产品无法满足消费者的需求，这样的产品就属于低价值或者无价值产品。消费者需要快速得到产品，企业在配货物流方面就要满足消费者的需求；如果消费者不满意企业的配发效率，就会选择其他企业。在服务至上的今天，服务更能够凸显价值杠杆的作用：服务越好，客户黏性越高；服务越差，客户黏性越低。而企业打造品牌，借助品牌影响力能够俘获众多的“粉丝”，苹果、索尼等世界知名品牌凭借自己的品牌影响力快速打开市场局面，并且从市场中快速获利。

三只松鼠的成功引发广大企业经营者进行思考：我的产品和服务能够给消费者解决怎样的问题？我的产品和服务能够满足消费者怎样的需求？我的产品和服务能够帮助消费者实现怎样的梦想？如果一家企业提供的产品和服务能够解决消费者的问题，满足消费者的需求，实现消费者的梦想，这家企业就会取得成功。

企业如何才能够提升这种价值呢？有人说：“我们需要创造新价值，用创新实现价值倍增。”创造与创新是长久的发展动力，但是创造与创新需要企业付出较大的成本。后互联网时代是一个微利时代，想要通过创造与创新获得巨大的利益回报是非常困难的。因此，许多企业采取了这种方式：增加价值。增加价值的方式有很多，三只松鼠的案例已经告诉我们答案了：提高产品质量，提高服务质量，提高物流速度，打造产品品牌。除了这些，当然还有很多方式可以提升价值，我们将会把相关内容放在后面章节详细阐述。总之，企业要明白：价值是商业的核心之一，价值才能够产生市场。

第三章

市场调研的意义与方向

1. 市场调研的意义

为什么要进行市场调研呢？市场调研有什么作用呢？有些人认为，市场调研是走形式，没有什么意义。还有一些企业实战专家因为市场调研而取得了丰硕的成果，认为市场调研是有重要意义的。

企业为什么要进行市场调研呢？

因为市场调研是非常有意义的。企业市场调研，至少存在两大意义，即了解市场和竞争对手。

市场瞬息万变。某煤炭化工企业，在2005年至2007年，效益非常好，每年都可以创造上亿元的纯利润。企业效益好，企业管理者就忽略了市场调研。到了2009年，煤炭化工产能趋于饱和，产品供过于求，煤炭化工产品销售价格暴跌，加上居高不下的生产成本，该企业出现了亏损。

与这家企业不同的是，同省的另一家煤炭化工企业非常重视市场调研，当其了解到市场产能即将达到饱和的时候，就开始调整产业结构，对企业进行转型，上马了有产能优势和技术优势的新项目，并转型成功。这家企业不但没有受到产能过剩带来的影响，而且成功跨界。

有一位企业家说："市场调研的根本目的在于了解当前的市场，比如市场饱和度、市场环境、政府政策等，只有了解市场，才能够进行准备、调整，并采取新策略应对市场变化。"市场调研具有了解市场、熟悉市场的意义。

企业想要了解竞争对手的信息，需要进行市场调研。

南方有一家科技企业生产的产品科技含量不高，产品同质化现象比较严重。在这种情况下，这家企业想要做出市场调整，就必须了解同行业竞争对手的相关信息。

于是，这家企业成立了调研小组，调研小组以销售部门人员为主要成员，他们在营销过程中调研相关市场，并定期进行汇报总结。通过调查了解，该企业在对比同行业企业的相同或相似产品后，进行了精准分析，找到自己的优势和劣势，制定出相关的战略战术。该企业通过调整产品价格、加大促销力度、积极开拓市场渠道等方式，提高了销售量，打赢了竞争战。该企业的总经理说："只有知己知彼，才能百战百胜。"

市场调研还有什么具体的意义呢？通常来讲，市场调研还具有以下三大意义。

（1）定量认识市场。

众所周知，许多企业管理者对市场的了解都是十分模糊的，他们无法做出定量的分析与认识。一个人如果想要了解自己的身体状况，就需要去做体检。体检的目的是什么呢？让人清晰、详尽地了解自己身体各个指标的具体情况，血脂多少，血糖多少，血压多少……通过科学定量的结果，人能够了解自己的身体情况。一个人如果觉得某个位置疼痛，而没有进行定量分析，就只能够猜测，而猜测具有极大的盲目性。

企业要了解市场，就需要对市场进行定量分析，分析市场有多大，产值有多高，还有多大的市场空间，自己的市场份额有多少等。有了详细的数据，企业才能够进行精准、科学分析。

（2）了解相关问题。

一个企业在生产经营过程中，一定会遇到各种各样的问题，这些问题里既有内部问题，也有外部问题。内部问题有经营问题、管理问题、人事问题、资源分配问题、产品结构问题等，这些内部问题或多或少是由外部问题造成的。外部问题有企业竞争问题、市场需求问题、市场大环境问题等。一个企业想要了解并解决这些问题，就需要进行充分的市场调查，充分了解内部因素、外部因素，最终找到解决问题的办法。

（3）进行资料收集。

曾经有一位消费者说过这样一句话："商家，为什么不来调查或者听一听消费者的想法呢？"这位消费者是北京的一位手机爱好者，他想建议苹果公司生产大屏幕手机。苹果公司进行相关资料收集后，并没有继续坚持自己原有的设计理念，而是对消费者需求做出了让步，生产大屏幕手机。有人问："苹果进行资料收集之后，生产了大屏幕手机，这给企业带来效益了吗?"答案是肯定的，苹果取得了巨大的成功，每年的营业额和利润都在稳定增长。收集相关市场信息，如客户信息、竞争者信息、供应商信息，并对这些信息进行汇总、分析，就可以从中找到规律，找到解决问题的办法。

市场调研是开拓市场的重要前提。人们在做任何工作之前，都需要进行充分的市场调研，这样才能把工作落实到位。

2. 市场环境调查

进行市场环境调查之前，首先需要认识什么是市场环境。市场环境就是影响企业营销的个人、组织和其他力量。通常来讲，市场环境越好，企业的经营前景就越好。市场环境恶劣，企业的经营前景就会变得扑朔迷离。市场环境涵盖的方面有很多，主要包括政治环境、法律环境、经济环境、技术环境、社会文化环境、自然地理环境、竞争环境等。因此，企业在调查市场环境时，应该着重调查以下几个方面。

（1）政治环境调查。

政治环境主要指企业所面对的政治局势和相关制度政策。政治环境包括国内政治环境和国外政治环境。在我国，每年都会有一些政策上的变化，而企业需要了解相关的政策变化，吃透政策，领悟政策精神，才能够做出科学改变，适应国内的政治环境。国外政治环境往往与经济环境关联度较高，历史上的几次经济危机都对国内的企业造成了影响。在这种影响下，许多从事外贸的企业会调整经营策略。

（2）法律环境调查。

在任何一个国家，所有的人、组织都要依法行事。许多企业为了获得高额的利润，不惜冒着违法的风险。这样的做法是非常愚蠢的。有一位企业管理者认为：企业想要长久地赚钱，必须了解并遵守相关的法律规定。法律是一种规矩，是一条红线，红线之内是安全的，红线之外是危险的。另外，许多初创企业并不了解相关行业的法律规定，因此需要在开展生产经营工作之前，对相关行业的法律规定进行调查了解。知法、懂法才能守法，守法是企业发展永恒的真理。

（3）经济环境调查。

经济环境的好坏是决定一个企业能否生存的关键。经济环境是一个非常大的环境，它包含了许多元素，其中有产业结构、发展趋势、物流运输、资源等。产业结构越合理，企业所处的经济环境也就越好。一家企业如果能够坚持顺应经济发展趋势去经营，就会得到更多、更大的发展空间。另外，物流运输对企业的发展来说十分重要。有人说："物流传递客户价值。"物流网越通畅，物流运转速度越快，企业的运转速度也就越快。如今，国内许多地区都有发达的物流网，企业选择物流网发达的地区开展生产经营活动才是科学的。对一些依赖资源的企业而言，资源也是非常重要的。因此，我们经常看到许多能源企业将企业所在地设立在资源较为集中的区域。

一个企业想要得到长久稳定的发展，就需要对经济环境进行详细调查。

（4）技术环境调查。

有人说："科技决定生产力。"技术有时甚至决定着社会的发展方向和人类文明的进程。众所周知，当今时代是互联网时代，在互联网时代，技术发展迅速，其中有互联网技术、大数据技术、云计算技术、人工智能技术、物联网技术、3D（三维）打印技术等，这些技术有可能改变一个企业的命运。如何利用这些技术，是每一个企业必须研究、调查的课题。一家商业银行打算借助高科技进行升级，因此对商业银行或者金融领域内所使用的较为成熟的金融科技进行调查。最后，该商业银行不仅引进了金融科技设备，而且对银行的内部技术进行升级，培养了一批金融科技能手。

（5）社会文化环境调查。

文化是抽象的，但是能够对人们的生活造成潜移默化的影响。不同的国家和民族有自己的文化，有时同一个城市的不同区域也有自己的独特文化。文化决定了一个人或团体的生活习惯、消费方式、价值观、选择偏好等，只有了解市场社会文化环境，才能够研发并生产出相应的产品。某城市有一个创业者发现当地人喜欢民俗制品，而且民俗风浓厚，于是开了一家与民俗产品开发相关的企业，并取得了成功。

（6）自然地理环境调查。

自然环境与经济发展也有密切的关系，靠海的地区与山区是不同的，丘陵地区与平原地区也是不同的。自然环境包括气候条件、地理位置和自然资源等众多元素。一个企业要选择什么样的项目，或者采取怎样的经营理念，都应该基于对市场的自然地理环境的了解。有一个中国台湾的商人去越南投资茶园，就是看准了越南的气候条件和地理条件非常适合茶树的生长。自然地理环境对人的消费习惯的形成有直接作用。

（7）竞争环境调查。

在一个市场中，通常充满了激烈的竞争。想要在激烈的竞争环境中生存并突围，就需要对市场竞争环境进行调查。

市场竞争环境调查是一项长期工作，需要企业内的相关部门或者相关责任人组织员工进行长期关注。在瞬息万变的竞争环境中，企业唯有了解竞争环境，才能够立足于市场，在市场中获得收益。

3. 竞争对手调查

每个非垄断性企业，通常都有自己的竞争对手。竞争对手数量越多、竞争实力越强，企业的市场竞争压力也就越大，企业的淘汰率也就越高。一位著名的管理学者认为：关键不在于你比过去做得更好，而在于你比竞争者做得更好。

竞争对手不是老虎，而是一面镜子。了解竞争对手，才知道自己的优点和缺点。一家电子企业实力雄厚，但是该企业同样面临强劲的竞争对手，业内三家企业对其形成了围剿之势。那么，这家企业是如何应对的呢？

一方面，该企业对三位对手的相关基础信息进行调查核实。基础信息都包括哪些呢？包括产品信息、核心技术和品牌影响力。

产品信息：企业间的竞争更多是相同产品之间的竞争，如华为、苹果、小米等手机之间的竞争。该企业调查三个竞争对手的产品种类、产品型号、产品功能、产品销量、产品口碑等，从而了解三个竞争对手的终端市场基本状况。在这三个竞争对手中，有一个竞争对手的实力很强，几乎占据了市场的半壁江山，剩余两家相对较弱。

核心技术：科技企业的核心技术就是核心竞争力，谁掌握的技术多，谁掌握的技术的科技含量高，谁就占据市场主导地位。三个竞争对手都有自己的核心技术，且分别有畅销单品。该电子企业同样掌握了核心技术，但是这项核心技术并不能给其带来垄断地位。

品牌影响力：电子企业的三个竞争对手都极具市场影响力。通过详细调查，该企业对三个竞争对手进行品牌影响力排名。

另一方面，该企业对三个竞争对手的经营渠道信息进行调查核实。经营渠道信息包括经营渠道、拓展渠道。

经营渠道：当下市场产品的主要营销渠道。该电子企业的三个竞争对手都有自己的营销渠道，但是营销的方式几乎雷同，都是终端营销。终端营销的方式有两种：实体店铺货和电商终端销售。即使如此，三个竞争对手的销量依旧存在比较大的差距，它们分别采取了不同的补贴或优惠手段，其中有一个竞争对手采取了“以旧换新+补贴”的方式，效果最为明显。

拓展渠道：不同的竞争对手都有自己的拓展渠道。该企业通过调查得知：A企业开始筹建虚拟社群，打造社群体验营销模式；B企业开始了另一种营销模式，叫“互助共享”，用户共享可以得到不同的奖励，最大的奖励是免费领取设备；C企业则坚持传统的渠道理念，同时采用了大数据系统对现有的客户和潜在的客户进行精准推送。

通过上述调查，该电子企业找到了自己的优点和缺点，并改变了营销策略，加大了市场的渗透力度，对销售区域进一步细分，加大促销力度，提高终端服务水平，提升了自己的核心竞争力。

了解对手才能够完善自己，了解对手的好办法就是进行全方位的调查与分析。通常来讲，竞争对手分析主要包含十个方面：找出潜在的竞争对手、分析竞争对手的基础资料、收集相关数据、分析产品策略、分析渠道策略、分析营销策略、分析价格策略、分析服务能力、分析综合竞争力、撰写竞争力分析报告。

竞争对手调查分为五个阶段，这五个阶段需要企业的管理者学习并掌握。

第一个阶段：确定竞争对手名单。

每个企业都有自己的竞争对手，如果不了解对手，也就无法了解自己。因此，企业应该明确市场区域范围，然后在区域内寻找竞争对手，并确定竞争对手名单。

第二个阶段：分析对手状况。

企业可以从竞争对手的十个方面进行详尽调查与总结。分析调查越全面，企业就越了解自己的对手，同时就越了解自己。因此，第二个阶段的工作是重点。

第三个阶段：掌握对手的发展方向。

现实中，竞争对手的发展方向有可能代表整个行业的未来发展方向。如果许多企业的发展与转型指向了同一个点，那么这个点就可能是产业的未来发展方向。因此，企业的管理者应该了解并掌握对手的相关动向，或者通过自己的实力去影响对手，如击败对手或者与对手合作。

第四个阶段：了解对手的策略和战术。

竞争对手的产品和服务是有形的，通常可以用肉眼观察到；竞争对手的策略和战术则是无形的，需要进一步调查与分析，才能够得出结论。策略和战术决定竞争对手的经营行为，对此企业需要掌握和了解。

第五个阶段：引导对手行为。

企业要通过自己的影响力去干扰对手。现实中，合作与引导的方式是主流模式，要让竞争对手接受自己的理念，按照自己的理念去改变现有的经营管理模式。如今，许多企业都在学习或者模仿业内的佼佼者。如果企业有幸成为行业内的领头羊，就具备了足够强大的市场竞争力，能引导对手行为，也就能够起到业内标杆的作用。

企业进行竞争对手分析，是一项战略性工作。许多企业不注重该方面的工作，往往会陷入进退两难的境地。了解竞争对手的目的是让自己做得更好。

4. 客户需求调查

客户需求能够拉动消费，并且是商业的核心之一。客户有了需求，企业才能够将符合客户需求的产品卖出去。因此，企业要想尽一切办法了解客户，尤其要了解客户的需求。客户需要什么？客户有什么样的想法？客户有怎样的要求？客户希望企业做好哪些方面？客户的建议是什么？当这些问题摆在企业面前时，企业需要给出明确的答案。

某企业生产一款小型智能机器人，该机器人可以提供简单的少儿语音教育服务。这款产品上市后，许多孩子的家长购买了该产品。但是半年之后，该企业的销量锐减。为了了解事情真相，该企业开始组织调研工作，并开通了专门的服务热线。

服务A客户的时候，A客户向该企业平台反映："这款机器人的功能太少了，而且英语词汇量太少，发音也不标准，并不是美式发音。我们需要什么呢？我们需要功能全面、词汇量大、发音标准的智能机器人。"不难看出，客户有三个需求，这三个需求分别是：功能全面、词汇量大、发音标准。如果企业能够解决这三个方面的问题，就能够满足A客户的需求。

服务B客户的时候，B客户向企业平台反映："这款机器人功能还可以，质量也还不错，能够对孩子的学习起到辅助作用，唯一的问题就是无法升级。一年之后，孩子要上初中了，这款机器人恐怕就落伍了。”不难看出，客户有一个需求：升级。如果企业能够解决智能机器人升级的问题，也就能够满足B客户的需求了。

服务C客户的时候，C客户向企业平台反映：“这款机器人价格有点儿高。我给自己的孩子买了一个，本打算再买一个送给我的外甥女，考虑到接近1万元的价格，我还是不买了，等以后便宜了再说吧！”不难看出，该客户的唯一需求就是产品降价。如果企业能够调整产品价格，或许能够满足C客户的需求。

通过调研，企业对客户的意见、需求进行了归类，一共有十六个方面的问题需要企业解决。于是，该企业对产品进行了升级改造，然后推出了四款产品，这四款产品分别是基础版、家庭版、商务版、豪华版，四个版本分别代表着四个价位。与此同时，四款产品都可以进行在线升级，升级的软件分为免费升级软件和收费升级软件。调整后的企业，不但解决了客户的需求问题，而且提高了产品销售量。

如何进行客户需求调查呢？企业可以按照以下步骤去开展这项工作。

（1）设计问题。

通常来讲，客户购买商品的目的就是满足自身的需求，如功能需求、体验需求、使用需求等。因此，企业可以设定以下几个问题。

客户买来干什么用？这个问题，一定要让客户回答，企业可以通过问卷调查的方式进行调研，还可以通过电话随访的方式进行调研。客户是自己用还是当礼物送给朋友？客户自己用，希望它能够为自己带来什么帮助？如果客户能够回答这些问题，企业也就能够清晰地了解客户的需求。

客户想要我们做什么？虽然客户并不是专业技术人员，但是一家企业想要全面了解客户的需求，就需要听一听客户的意见和想法，包括客户希望产品拥有哪些功能，客户希望获得怎样的体验等。如果客户提到并展示自己的想法，企业应该把自己当作“造梦专家”，想尽一切办法实现客户的想法。通过这种方式，企业还可以提前获取产品市场未来的一些动向。

客户还有什么想法？客户的想法很多，有的可以实现，有的无法实现。例如，有一个客户希望购买一台完全防水的电脑，但是电脑供应商无法满足客户的需求，便告知客户：技术方面尚不能达到您的要求。如果客户的想法可以实现，企业就需要对这些想法进行归类，并想办法去攻克难关。

借助上面三个问题，企业就能够很清晰地了解客户的需求，并能够找到解决问题的途径。

（2）准备工具。

客户需求调研需要企业准备一些工具，比如需求调查表、笔、通信录等，其中需求调查表是最重要的一个工具。

需求调查表可分为两种：一种是实物调查表，另一种是网络问卷。其中，实物调查表主要用于线下调查，网络问卷主要用于网上调查。需求调查表通常包括八大调查项：产品价格、产品可获得性、产品包装、产品性能、产品的易用性、产品质量、产品的生命周期、产品的社会接受程度。

企业的相关负责人还要对需求调查表进行整理和总结，并形成客户需求说明书。

（3）输出客户需求说明书。

客户需求说明书并不是一次就能建立并输出的，它需要不断完善。有一家企业从事婴幼儿用品的生产与销售，而婴幼儿用品行业属于市场门槛较高的行业，并且需要宝妈宝爸的深度参与。于是，这家企业与许多客户建立了关系，客户会向企业反馈各种意见和看法。这家企业的客户需求说明书每隔半年就会更新一次，并据此进行产品改进，不断满足客户的需求。这家企业已经成为业界知名的婴幼儿用品品牌企业。

营销大师特德·莱维特表示：人们买的不是东西，而是他们的期望。换句话说，客户购买的是自己的需求，而不是某个特定的商品。另一位营销大师菲利普·科特勒认为：营销是关于企业如何发现、创造和交付价值以满足一定目标市场的需求，同时获取利润的科学和艺术。由此可见，企业定期对客户需求进行调查是非常重要的一项工作。

第四章
市场定位

1. 市场定位的作用

某企业从事毛绒玩具的生产与销售。众所周知，毛绒玩具的市场需求巨大，许多人都喜欢毛绒玩具。人们只要打开淘宝或者京东商城，输入毛绒玩具，就有上万条售卖信息。正因为有巨大的市场容量，这家企业的管理者才开始设计、生产、销售毛绒玩具。

在生产之前，企业管理者对毛绒玩具市场进行了深度调查，他发现：毛绒玩具市场有些乱，从事毛绒玩具生产的企业有很多，但是高质量的毛绒玩具很少。另外，许多企业都在生产同质化的产品，创新不足。因此，他将自己的企业定位于“中高端”创意毛绒玩具市场，旨在给中高收入人群提供高品质、有创意、个性化的毛绒玩具。有了市场定位，这家企业开始实施三步走战略。

第一步，组建设计团队。

毛绒玩具的创意来自设计师，这个企业招募了数名国内知名的毛绒玩具设计师，形成了强大的设计团队。他们纷纷为设计的作品申请了专利，用来防止竞争对手的剽窃，保护自己的原创版权。

第二步，选择安全的布料和内容填充物。

毛绒玩具是一种与人体亲密接触的玩具，需要使用非常安全的材质。为了解决这个问题，企业选择安全指数高的布料和内容填充物，大大提升了毛绒玩具的产品安全性。

第三步，品牌搭建。

好的产品不仅要有高质量的体现，还要有强品牌和好口碑的体现。这家企业在品牌搭建方面非常有想法，并且与国内知名的家私品牌和床上用品品牌进行合作，推出品牌体验活动。通过这种方式，企业快速形成了品牌影响力，并进入了毛绒玩具中高端市场。

成功的创业故事离不开精准的市场定位。通过精准的市场定位，该企业取得了成功。

市场定位的概念是美国著名营销专家艾·里斯与杰克·特劳特提出来的。什么是市场定位呢？简单来说，市场定位就是营销定位，企业根据自身需求，为目标市场中的消费者进行精准画像，并制定优秀、个性化、形象的商品、服务、品牌营销策略。市场定位的核心是给消费者提供了什么，而不是自己独立创造了什么。通过市场定位，企业能够准确地在消费者心目中建立良好的形象，并精准提供满足消费者需求的产品。那么，市场定位有哪些重要作用呢？

（1）确定产品。

企业对市场进行考察、定位后，就可以明确产品的类型、特点、价格，明确什么样的产品符合消费者的需求，什么样的产品能够凸显自己的特色和风格。

有一位企业家说："市场定位的目的就是定位产品。就像一个人给自己找位置一样，只有定位准确了，才能够发展自己。企业确定的产品既要符合市场规律和满足消费者的需求，还要实现自身的利益。"有一些企业盲目拔高生产要求，反而导致自己的工艺水平与设计思路不匹配。产品定位也是生产工艺和销售方式的定位，产品主导着生产与销售。

（2）打造品牌。

有一位管理学者认为：产品只是功能性的，无法传递更多精神层面的东西。许多消费者购买产品，首先看产品的品牌，其次才看产品的功能。

另外，优质的、特色鲜明的产品可以提升品牌影响力。苹果公司生产的手机质量好、运行流畅，独具特色的 iOS（苹果移动设备操作系统）是苹果手机最大的特色。许多人购买苹果手机，就是为了体验 iOS 带来的流畅感。有特色的产品不仅吸引了消费者，而且建立了品牌。

麦当劳是世界上有名的快餐连锁企业。麦当劳的创始人克拉克表示：麦当劳不属于餐饮业，而属于娱乐业。正因为有这样的定位，麦当劳才能从众多餐饮同行中脱颖而出。

（3）吸引客户。

优质的产品，令人瞩目的品牌，两者结合后，企业将更具吸引力。市场定位还有一个目的是提高客户黏性，让客户反复购买企业的产品。另外，在竞争激烈的市场中有无数产品，消费者常常挑花眼。对市场进行定位，企业就能够了解客户的想法和需求，并明确生产怎样的产品才能够满足客户的需求。如果企业准确定位并用产品诠释自己的理念，极有可能打动消费者，将客户转为“粉丝”。

营销专家杰克·特劳特曾表示：定位不是围绕产品进行的，而是围绕潜在客户的心智进行的，因为胜负取决于潜在客户的心智。定位的基本方法，不是去创造某种新的、不同的事物，而是去操控客户心智中已经存在的认知，去重组已存在的关联认知，并让这些新组织的认知在客户心智中占据一定的位置。市场定位是企业需要重复做的工作，每个时间段都要进行定位，借助定位了解客户的心智，建立客户心智模型。

2. 找到自身优势

中华民族自古就有“扬长避短”的智慧。发挥自己的优势，合理回避自己的劣势，是取得成功的关键。但是许多企业管理者都在问：“扬长避短大家都懂，但是我们的优势在哪里？劣势又是什么呢？”在前面的章节中，我们讲述了市场调研和市场定位，企业如果能够做好这两项工作，就能够找到自己的优势和劣势。知道了自己的优势和劣势，就能够采取扬长避短的方法去解决问题。

如今，许多企业借助 SWOT 法分析并找到自己的优势和劣势。那么如何使用 SWOT 法呢？

SWOT 法也叫态势分析法，是目前世界上应用广泛的分析工具之一。SWOT 中的四个英文字母的意义如下：S 即 Strengths，优势；W 即 Weaknesses，劣势；O 即 Opportunities，机会；T 即 Threats，威胁。SWOT 法是一种基于内外部竞争环境态势所进行的分析方法，操作简单，应用性强。

优势：一个企业的优势常指自己的内部优势。优势通常体现在以下九个方面：一是资金充足；二是有竞争力的技术；三是良好的企业形象；四是知名度较高的品牌；五是企业规模较大；六是产品质量可靠；七是占有较大的市场份额；八是成本具有优势；九是有强大的媒体公关能力。

劣势：一个企业的劣势也常指自己的内部劣势。劣势通常体现在以下九个方面：一是设备老化；二是资金不足；三是管理混乱；四是人才流失严重；五是缺乏核心技术；六是研发滞后；七是产品积压严重；八是企业规模不大；九是媒体公关能力较弱。

机会：一个企业的机会常指自己的外部优势，或者是新市场所形成的机会，具体包括新兴市场、新产品、新技术的应用、新需求的形成、市场壁垒的降低等。如果能够抓住这些机会，企业就能够创造利润。

威胁：一个企业的威胁也常指自己的外部威胁，其中包括替代产品增多、竞争对手实力强、市场紧缩、行业政策变化、消费者需求减少、经济衰退、突发事件、金融危机等。在这些威胁因素中，有可规避的，也有不可规避的。可规避的威胁有行业政策变化，不可规避的有突发事件和金融危机等。

通常来讲，一个企业将优势和劣势摆在一起进行分析，将机会和威胁摆在一起进行分析。SWOT 法的使用，可以与市场调研、市场定位、竞争对手分析、客户需求分析等同步进行。

除自身所具备的优势之外，企业能否找到其他的竞争优势呢？现实中，有四种可转化的优势供企业寻找和把握。

第一种，你的客户非常需要但你的竞争对手不愿意做。

现实中，这种情况非常常见。企业的竞争对手可能因产品利润少、成本高，不愿意去做。是不是利润少的产品不值得生产呢？纽扣的利润很少，但是需求量十分大。需求数量大的商品，即使利润空间小依然值得去做。如果其他企业不做，机会也就出现了。此时，企业就应该牢牢抓住这个机会，将其转化成自身优势。

第二种，解决自己的困难，同时可以满足别人的需要，实现别人的梦想。

某日化企业的产品大量积压，如果无法变现，就会对企业经营造成威胁。该日化企业最迫切的任务就是消化库存，将库存变现。日化用品是日用品，家家都在用。如果一桶 3 升的薰衣草洗衣液只需要 19.9 元，肯定有大量的顾客抢购。这家日化企业低价销售，不仅解决了自己的问题，而且赢得了无数消费者。该日化企业的产品质量过硬，所以该企业通过低价清理库存的方式起死回生。这种方式，是一箭双雕的。

第三种，拥有无法被取代的专业能力和非常受欢迎的特征。

无法被取代的专业能力是一种强大的技术优势，有一些企业通过技术输出的方式收取丰厚的技术专利费用。但是，一个企业想要拥有无与伦比的专业能力并不容易，一方面，企业管理者要重视技术人才的引进，建立以“创新带动生产”的经营模式；另一方面，企业要舍得进行持续投入，如华为和苹果两家企业每年在技术方面的投入高达数百亿美元。如果拥有了别人没有的专业能力，将会获得巨大的回报，并独享市场份额。

第四种，创造生活形态，创造财富。

这里提到一个名词：“生活形态”。什么是生活形态呢？简单来说，生活形态就是人们遵循的生活方式。一个人的日常生活形态常以一个人的日常活动、兴趣爱好、意见态度来呈现。如果企业能够给消费者创造独特的生活场景体验，并引发消费者的兴趣，培养消费者产生一种新的生活习惯，就会取得巨大的成功。互联网改变了世界，也改变了人们的生活形态，互联网企业或者互联网虚拟社区的发明者不仅给消费者创造了新的生活方式，而且从消费者身上赚到了百倍、千倍的回报。美国的脸书公司和中国的腾讯公司是其中的佼佼者，它们凭借创造的新生活形态，为自己创造了财富。

每一个企业都有自己的优势和劣势，只要用心观察和总结，就能够找到自己的优势，继而发挥自己的优势。

3. 发现竞争者的劣势

一个企业在了解自己的同时，还要了解竞争对手。所谓“知己知彼”，就是要了解自己的对手，找到对手的弱点。格斗场上的两个高手进行对战，在对战之前，通常都要研究对方的特点，并找到对方的弱点。格斗场上，如果能够发挥出自己的优势，攻击对方的弱点，就能够克敌制胜。如何才能够找到竞争者的劣势呢？

所有的优势和劣势都是相对的。只要有心，都能找到突破口。

一家生产服装的企业是当地的龙头企业，拥有员工 1500 多人，在当地具有垄断地位。该企业准备进军外地市场时，发现有一家规模较大的企业具有较强的竞争力，于是该企业进行了竞争者优势、劣势的分析，并从以下几个方面进行展示（A 企业代表服装企业，B 企业代表竞争对手）。

产品：A 企业拥有老中青三大系列产品，一共有 150 余款春夏服装上市。A 企业定位于中端市场，产品质量高，拥有一定的市场认知度。B 企业主打年轻人服装，附带中老年服装，一共有 220 款春夏服装上市。B 企业定位于中端市场，产品质量也非常不错，在当地拥有不错的口碑。因此，A 企业的优势在于中老年服装的款式和种类多，B 企业因主打年轻人服装而忽略中老年服装板块。B 企业的劣势是中老年服装的款式和种类少。

生产规模：A 企业拥有员工 1500 余人，年产值超过 8 亿元，企业占地面积超过 0.2 平方千米。B 企业拥有员工 1200 余人，年产值超过 6 亿元，企业占地面积约 0.18 平方千米。从生产规模上看，A 企业稍微占有一点优势，但是优势不明显。因此，两家企业的生产规模大体相等。

销售渠道：A 企业的销售渠道主要是线下渠道，通过发展代理商和合作伙伴的方式，将产品发至代理商和合作伙伴的网点去营销。换句话说，A 企业是一家采取传统销售渠道的企业。B 企业与 A 企业不太一样，B 企业约 60% 的渠道是网络渠道，剩余的采取传统渠道。在传统渠道的经营方面，A 企业具有更多经验；在网络渠道的经营方面，B 企业占有绝对优势。因此，A 企业想要在外地市场立足，应该继续坚持传统渠道的开发和拓展，适当进入网络渠道和其他新渠道。

市场营销：A 企业主要采取传统的门店营销方式，并采取了优惠、折扣等促销方式，尤其是节假日期间，折扣力度较大，购买人群较多。B 企业主要在线上销售，并采取了“营销组合”方式，形成了一定的 IP（知识产权）流量。但是 A 企业与 B 企业的销量相当，A 企业并没有明显的优势。后来，A 企业引进了一套大数据系统，并推出线上选衣体验活动，在平台技术方面领先于 B 企业。

生产技术：A 企业引进了一套新设备生产线，生产技术在全国属于一流水平。另外，新生产线能够控制成本，提高成衣生产效率。与 A 企业相比，B 企业依旧采用老设备，成本控制方面不如 A 企业。由此可见，A 企业制订产品价格时有较大的弹性区域，且优势明显。

研发能力：A 企业签约了国内知名的服装设计师，且每年举办多场服装发布会。B 企业在研发方面明显不如 A 企业，服装款式虽然为流行款式，但是缺乏独特的设计风格。因此，B 企业的劣势在于研发能力不足。A 企业继续加大研发投入力度，并准备与国际知名的服装设计机构合作。

资金实力：A 企业是一家有 20 年管理经验的老企业，10 年前已经完成了资金的积累，有较为宽裕的资金。B 企业成立只有 10 年，仍旧处于资金积累阶段，且近期需要贷款完成新旧设备的更换。言外之意，B 企业的资金实力远远不如 A 企业。前面我们讲过，资金对企业的发展影响巨大，A 企业的资金优势也为它进军外地市场增加了不少筹码。

管理能力：A 企业采取了当下许多企业都在使用的 KPI（关键绩效指标）管理，管理水平稳中有进。B 企业的老板是一位“海归”，在企业管理和运营方面似乎更加独到、高效。A 企业与 B 企业管理水平相当，A 企业并没有优势可言。因此，A 企业需要向 B 企业学习管理经验，努力提升自己的管理水平。

通过以上八个方面的对比分析，A 企业找到了自己的优势，并找出了竞争对手的劣势。后来，这家企业在不断提升管理水平的同时，加大市场开发力度，将自己的优势发挥了出来，并成功进入外地市场，占有了不小的市场份额，保持了自己的竞争优势。

在激烈的市场竞争面前，企业需要全方位地了解自己的对手。了解对手的目的不是击败对手，而是明确如何发挥自己的优势，巧妙避开竞争，或者提高自己的竞争力。

4. 挖掘客户的需求

客户的需求越大，商业市场规模也就越大，市场内的企业也就越多；客户的需求越小，商业市场规模也就越小，市场内的企业也就越少，经营也就越困难。因此，一个优秀的企业一定能够挖掘客户的需求，培养客户的生活和消费习惯。马云曾表示：需求是可以创造的，挖掘需求是给客户提供价值的前提。

马云曾讲过这样一个小故事。你去菜市场卖东西，理论上任何东西都卖得出去。逛市场的人一定是准备买东西的，那么他是买带鱼呢还是买鸡腿呢？有时候，他不一定想到买鸡腿，而这个需求是可以挖掘的。在你的引导之下，他可能既买了带鱼又买了鸡腿。

为什么说需求是可以挖掘的呢？我们将这个故事进行拓展，形成如下购买场景，其中 A 是卖家，B 是顾客。

A：这位顾客，您想买点儿什么？

B：我想买土豆。

A：这个季节的土豆很好吃，而且是新土豆，您真会选择食材。

B：谢谢。

A：您平时怎么做土豆？

B：我平时做土豆红烧肉，很好吃。

A：其实土豆红烧鸡翅也很好吃，把鸡翅斩成块，然后用油煎，再放入土豆……鸡翅油脂含量更低，吃起来更健康。

B：你的建议不错。

A：我今天进了新鲜鸡翅，您要不要试一试？

B：多少钱一斤？

A：我这鸡翅比超市的还便宜，翅中只卖 17 元一斤。

B：好，给我来一斤。

上面这个案例就是成功营销的案例，卖家成功挖掘客户的需求，将鸡翅卖给了客户。

（1）什么是客户需求。

简单来说，客户需求就是客户因对现状不满而产生的改变现状的欲望。有一个人对自己居住的一室一厅不满，他认为这个房子太小了，居住起来不舒服，于是他产生了一个欲望：买一套大房子。当然，购房是一件人生大事，实现起来并不是很容易。还有一个人，他一直使用一款低配置的手机，手机使用时间长了，经常出现死机现象，令他非常头疼。于是，他打算买一款高配的旗舰手机。买手机、换手机是一件非常常见的事情。这种客户需求就是一种不满足于现状而产生的购买欲望，企业要挖掘客户的这种现实需求，并提供产品去满足其需求，进而获得收益。

（2）客户需求的特点是什么。

客户需求都有哪些特点呢？通常来讲，客户需求有三个特点，即同质化、差异化、隐性化。

同质化：客户需求同质化，特指客户对同质化的商品具有无差异的需求。如客户购车，客户购车的目的是什么？代步、方便出行等。也就是说，客户购车的目的大体上是相似或者一致的，不存在太大差异。客户购车的用途是什么？上班、接送孩子、其他出行。总之，客户购车的用途也几乎一致。为了满足客户的这种同质化的需求，汽车企业出现了，并提供了汽车这种商品。

差异化：客户在求同的时候也会求异。如客户买车，有些客户要求较低，只求代步，因此选择普通轿车；有些客户因工作需要而选择中档汽车；还有一些客户是老板，他们追求豪华轿车。另外，有些客户追求性价比，有些客户追求整体性能，有些客户追求时尚。不同年龄阶段的客户对车辆的款式也有不同的要求，比如年轻人喜欢炫酷的运动型轿车，中老年人喜欢大气的轿车。因此，汽车企业需要根据客户的差异化需求提供不同类型、不同价位的汽车。

隐性化：隐性化需求就是客户没有完全表达明白或者隐藏在内

心深处的需求。与显性需求相比，隐性需求更多体现在客户对产品的细节、颜色、功能等方面的要求上。有的客户打算购买一辆轿车，但是他无法描述自己想要的配置。因此，汽车销售商需要引导客户，向客户推荐产品，挖掘客户的隐藏信息，将隐性需求转化为显性需求。

（3）挖掘客户需求需要做的准备工作。

客户需求的挖掘工作需要提前进行准备，而且要有信心，相信自己能挖掘出客户的需求。挖掘客户需求，通常有以下三项准备工作。

树立帮助客户的决心：有些客户经理的工作非常被动，在挖掘需求工作开展之前，并没有形成帮助客户的想法，他们很难挖掘出客户的需求。因此，客户经理要树立起帮助客户的决心，只有这样，才能与客户建立起沟通的桥梁。

有足够的能力帮助客户：帮助客户是一种能力的体现，而且是一项行动。许多人帮助客户只是停留在嘴巴上，说得多，做得少，甚至到最后发现自己的能力不足以帮助客户。因此，客户经理想要帮助客户，就需要拥有足够的能力，能力代表着行动，行动代表着一切。

有足够的诚意帮助客户：客户经理与客户之间需要真诚。真诚是一种美德，也是一种智慧。有位作家曾表示：人与人之间，只有真诚相待，才能成为真正的朋友。谁要是算计朋友，就等于自己欺骗自己。如果客户经理有一颗真诚之心，就能够拉近与客户之间的距离。距离近了，客户的需求也就容易被挖掘出来。

挖掘客户需求的办法有很多种，由于篇幅问题笔者在此不讲述挖掘客户需求的具体办法了。总之，客户需求是商业基础，有效挖掘客户需求才能为企业带来销量。

5. 寻找市场的支持

企业离不开市场，没有市场，企业就无法生存。有创业者问："没有市场该怎么办呢？难道要坐以待毙吗？"没有市场，企业管理者就需要去寻找市场。市场是不会主动找上门的，守株待兔只能等死。

消费者的需求是产生商业行为并形成商业市场的基础。企业能够找到消费者的需求，也就能够找到市场。著名企业家严介和曾表示：先寻找市场，然后才有资格去创造市场。对于创业者而言，在创业阶段，寻找市场的支持比创造市场更重要。那么，如何寻找市场的支持呢？

（1）确定目标人群。

目标人群就是目标消费者，不同的消费者有不同的消费需求。喜欢汽车的人有购车需求，汽车作为一种消费品有数量众多的目标人群；喜欢旅游的人有旅游的需求，而旅游会带动与旅游相关的各种产业的发展。对于企业而言，确定目标人群相当于进行定位。

一家初创企业发现许多年轻人都喜欢户外休闲运动，于是该企业对目标人群进行了调查，同时对相关市场进行了调研，最后定位于户外用品的生产及营销。后来，这家户外用品企业凭借良好的产品和品牌形象，跻身国内著名户外用品品牌行列，并取得了极大的成功。该企业的创始人认为：确定目标客户，等同于找到了一个市场。与目标客户搭建起关系，等同于找到了客户的支持。客户的支持，就是市场的支持。

目标客户所在的位置，就是目标市场。商业市场由消费者与供货商组成，找到了消费者，如同找到了市场的切入点。

（2）确定市场产品。

目标客户的需求就是商业利润的增长点，企业满足目标客户的需求，就是根据目标客户的需求设计市场产品。如何才能选对市场产品，并提高营销利润呢？

第一，选择利润可观的产品。

市场产品有许多种，有的利润可观，有的利润不可观。利润可观的市场产品有其不可替代性和稀缺性等特点。利润不可观的市场产品多为日常用品，这些产品利润较低，想要获得高回报，就需要不断提高产能，提高产品的产出量和销售量。不管如何，选择利润可观的产品是企业获得丰厚回报的基础。

第二，选择信息产品。

什么是信息产品呢？信息产品所具有的信息能够吸引消费者，

并且形成信息流不断进行传播。互联网时代是一个信息时代，信息就是价值。只有将产品与信息进行结合，才能够让产品更具价值。消费者获得的相关产品的信息越多，购买欲望也就越大。

第三，把控质量。

管理大师汤姆·彼得斯认为：质量等于利润。任何企业想要获得利润，都需要想尽一切办法提高或确保产品质量。好的产品质量能使消费者产生好的印象。如果一款产品使用不久就无法使用了，那么消费者会不会对这款产品和产品背后的企业产生负面印象呢？

综上所述可知，企业只有确定好一款利润可观、信息含量高的产品，在此基础上把控产品质量，才能够向客户交出满意的产品，并满足客户的需求。

（3）紧跟市场政策。

想要寻找到可靠的市场支持，就必须紧跟市场政策，随着市场政策的变化而变化。紧跟市场政策是一种识时务的经营智慧。另外，政府机构或者相关部门也会根据政策提供方向和实惠，比如给予补贴、减税等。企业如果能够得到相关部门的支持和帮助，就会获得快速成长的机会，间接得到市场的支持。

另外，一家企业想要获得市场支持，需要坚持诚信经营。诚信是一张名片，代表着诚实、守信、责任感。作家德莱塞曾表示：真实是人生的命脉，是一切价值的根基，又是商业成功的秘诀，谁能信守不渝，谁就可以成功。因此，只有诚信的企业才拥有商业成功的秘诀，才能够得到广大消费者的支持和认可。

第五章
产品定位的作用

1. 产品定位作用之客户引流

什么是客户引流呢？客户引流就是让客户的消费习惯发生改变，让客户接受企业所提供的产品。

有一家咖啡店是这样进行引流的。咖啡店的老板冯女士打出了这样一则广告：只要扫描咖啡店二维码并关注咖啡店公众号，然后转发广告至朋友圈，即可获得价值38元的卡布奇诺咖啡一杯；如果当日充值99元，就送10张价值10元的咖啡代金券（有效期为一个月）；如果邀请朋友关注咖啡店公众号并成功消费，就送5张价值10元的咖啡代金券。

有一名消费者好奇地扫描了咖啡店的二维码并关注了公众号，然后转发广告至朋友圈，立刻免费得到了卡布奇诺咖啡一杯。他选择充值99元，咖啡店按照规则和承诺，赠送了10张价值10元的咖啡代金券。凭借这样一个活动，这家咖啡店形成了引流裂变，新会员变成老会员，老会员带动新会员。一个月内，咖啡店的老板冯女士就收回了创业成本，三个月后开了第二家咖啡店。

在上面的故事中，咖啡店老板借助引流策略打开了市场，并成功获得了大量客户。除这样的裂变模式之外，还有哪些方法可以帮助企业进行客户引流呢？以下六种方法可供借鉴。

（1）通过别人介绍产品。

众所周知，企业直接去介绍、推荐产品，难免会被消费者看作“王婆卖瓜，自卖自夸”。如果介绍这款产品的人不是企业的人，而是一位与企业无关的人，那么消费者就会认为：这款产品应该不错，要不然他怎么会推荐呢？因此，企业要学会运用这些方式，找到第三方让其去主动担起“宣传员”的职责。有人会想到“托儿”这种角色。

“托儿”并不是一个贬义词，而是营销战术中的重要角色。如果运用得当，就会带来不错的引流效果。但前提条件是，企业的产品质量要过硬，“托儿”的宣传要实事求是，不要夸大。另外，如果企业的老客户能够承担起宣传员的职责，引流的效果会更加突出。

（2）用引流产品去引流客户。

当今社会流行一种免费模式，就是设计一款免费的引流产品充当“鱼饵”，然后刺激消费者购买产品。然而，单纯免费并不能收到很好的效果，许多人认为：免费的东西没有价值。因此，企业要对引流产品设置门槛，让消费者认为引流产品是有价值的。

有一家洗车行推出了一款洗车卡，这款洗车卡是免费发放的。但是想要拿到这样的免费洗车卡并不是一件容易的事情。第一，这款洗车卡由附近小区的物业进行发放，发放条件是交纳一年的小区停车费。第二，只有拥有价值超过 50 万元的车辆的人才能够领取洗车卡。

这是两个门槛比较高的条件，能够达到这种条件的车主都是一些有钱人。拿到这样的洗车卡，车主拥有了一种贵宾般的感觉。豪华车车主拿到洗车卡，然后去车行免费洗车，洗车行同时售卖收费产品，并逐渐推销收费项目。用设定门槛的引流产品去引流，也能收到不错的引流效果。

（3）帮助合作伙伴成交。

绝大多数的企业都有自己的代理商和合作伙伴，如果能够帮助其实现引流，也就相当于帮助自己实现引流。帮助合作伙伴成交，需要拥有一个有成交经验的团队。如果企业没有这样的团队，可以通过外部培训或者聘请专家团队等方式搭建成交团队。

（4）追销合作伙伴。

合作伙伴与企业是利益共同体，合作伙伴还是企业稳固的客户之一。企业进行引流商品的推广时，可以追销合作伙伴或者与合作伙伴共同追销老客户。

有一个企业将 10000 件引流产品发放给合作伙伴，并与合作伙伴进行引流活动的设计。双方共同参与，让引流活动更有意义。活动地点设在合作伙伴的终端营销点，双方各司其职，顺利完成了追销，并实现了 20% 的客户增加量。由此可见，追销合作伙伴或者与合作伙伴共同追销下游客户，同样是引流的一种好办法。

（5）用引流产品进行促销。

引流产品分为有门槛的免费引流产品和价格促销类产品。世界上绝大多数的消费者都有“贪便宜”的心理，只要产品价格实惠，许多人都会选择购买。有一家牙膏厂进行牙膏、牙刷捆绑促销。原价 9.9 元一支的牙膏和原价 9.9 元一支的护齿牙刷，促销活动期间，加起来只需要 12.9 元。另外，购买该品牌的日用品超过 58 元，还可以免费获得价值 9.9 元的洗手液一瓶。总之，以引流产品为主，设计促销环节的方式有很多，许多企业通过这种方式实现了客户引流。

（6）维护客户关系。

客户是上帝，企业处理好客户关系，才能够可持续地实现引流。有时候，有些企业管理者认为：每年一次的客户走访能够实现客情关系维护。事实上，这样的想法是错误的。客户可以是忠诚的，也可以是不忠诚的。只有常年保持较高频率的关系维护，客户才会始终如一地选择企业。沃尔玛创始人山姆·沃尔顿表示：没有客户的忠诚度，企业就没有生存权。只有得到全球用户的忠诚，才能换取全球的美誉，只有拥有全球的美誉，才能参与新经济时代的竞争，否则事倍功半。

一家企业如果能够对产品准确定位，就能够做好客户引流的工作，成功将产品推向市场。

2. 产品定位作用之养活员工

是老板养活员工还是员工养活老板？这是一个需要认真分析的问题。一方面，老板是企业的拥有者和管理者，他需要对整个企业的运营以及员工负责；另一方面，从某种意义来看，员工是老板的合伙人，在老板的安排和授权下进行工作，通过工作向企业不断输入能量，从而让企业维持正常运转。但是从企业管理角度来看，企业老板是贡献最多的人，他的一个重要责任是养活员工。因此我们经常听到这样的观点：老板养活员工。

本事大的老板能够养活员工，而且能够留住员工，让员工与他一起打拼，研发产品，打造营销中心，将产品转化为资金，发展企业。资金是企业运转的能源，有了资金才能够解决其他问题。因此，企业管理者需要将企业做大做强，这样才能够养活员工。什么是“企”呢？“企”就是“人”与“止”。一个企业离开人，也就停止运转了。因此，企业是人形成的组织，企业的发展离不开员工。

年轻人孙某 20 岁大学毕业后来到一家科技企业工作。孙某刚进公司的时候是一名基层技术学徒，月收入只有 3000 元。随着技能的不断提升，他不满足于月薪 3000 元的工作了，于是参加了企业内部招聘，并成功应聘到某部门任技术副主管，月薪从 3000 元涨到了 1 万元。

有了这样的薪水和工作，孙某的工作表现更加出色了。他继续提升自己，参加不同的培训班和社会学习，并且考上了某大学的硕士研究生。随着阅历和资历的增加，他再次有了新想法：换一份工作。

就在这时，有一家企业为他提供了年薪20万元的工作，孙某心动了。于是他找到企业人事部门，向人事主管说："我觉得我的能力可以在这里获得一个更好的职位或者薪水更多的工作，如果有机会，我想竞聘一下。"听到这番话，人事主管说："我们培养你这么多年，而且你现在的岗位也来之不易……要学会感恩。目前企业没有内聘，即使有，也不一定提拔你啊。"

孙某有些生气，后来他递交了辞职报告，跳槽去了高薪公司。

上面这个故事中，孙某是一名跳槽者。许多企业老板不喜欢跳槽者，认为跳槽者没有感恩之心。企业老板虽然给员工提供了一份工作，但是员工在企业工作，凭借自己的本领赚钱养家，最终的受益者是企业老板。另外，员工在长年累月的工作中不断提升自己的本领，通过自己的本领来谋得更高的收入和更好的岗位是理所应当的。因此，企业老板在做好产品定位和角色定位的同时，要对员工有良好的定位：员工是企业的资源，是企业的合作伙伴，企业想要留住自己的合作伙伴，就需要给员工提供赚钱的机会。

如何才能让员工赚到更多的钱呢？企业管理者至少需要做好以

下三项工作，才能够让员工赚到更多的钱，养活员工，并且让企业的生产和经营良性发展。

（1）营造竞争性的工作氛围。

许多人都知道鲶鱼效应，企业管理者应该打造一个具有鲶鱼效应的“鱼槽”，员工就是鱼槽中的“沙丁鱼”。在竞争环境中，员工会自动给自己加压，不断督促自己去努力工作。员工的贡献值增加了，企业就会得到好处；企业得到好处，就会反哺员工。

（2）善用PK（对决）机制激活员工。

什么是PK机制呢？PK机制就是一种竞争性机制，让员工互相PK。PK机制同样是营造竞争性工作氛围的一种方式，PK机制是一种管理实操，能够带来数据上的变化。

在PK机制中，老板要选择有竞争意识、正能量足、有胜负心的员工参与PK。PK机制有四大要素：PK环境、目的、荣誉感、危机感。找到参与PK机制的员工之后，就需要确定PK项目，如标准、时间、金额等，双方签订PK协议书，PK活动正式开始。PK活动结束之后，企业管理者要按照协议书中的规定，奖励参与者或获胜一方。

（3）让员工变成企业的股东。

360公司的创始人周鸿祎表示：财散人聚，使用激励机制时，不能光在嘴巴上对他们好，还得签协议，让他们能分享未来的收益。老板把能干的员工当成自家人，给员工股份，承诺分红，想必许多员工都愿意跟着这位老板继续战斗。一位国内知名的管理学者表示：要想成功，就需要组建一个团队，将他们高质量地凝聚在一起，大家达成事业共识，达成利益共识，达成战略目标共识，达成命运共识。从某个角度来看，企业老板与员工是同一个战壕里的兄弟，一起打胜仗，企业才能赚到钱，才能够养活员工。给员工发工资，相当于给战士们发军饷。

如果一位企业管理者能够做好以上三项工作，员工自然愿意跟着老板拼搏，老板也就能够养活员工，企业运行流畅，生产、管理、经营三条线也将稳定运转，企业和产品定位的问题自然能得到解决。

3. 产品定位作用之解决公司运营问题

几年前，我们还是产品时代，而现在应该是后产品时代了。后产品时代并不是产品不重要了，而是产品的市场定位有了变化。后产品时代是一个以个性化需求为中心的时代。个性化需求，就是消费者的性格需求，有人喜欢红色衬衫，有人喜欢黑色衬衫。不同的衬衫能够给不同的人群带来满足，而企业需要根据客户的个性化需求定位产品。

什么是运营呢？运营是对运营过程的计划、组织、实施和控制，是与产品生产和服务提供密切相关的各项管理工作的总和。企业的运营包括三个方面，即企业管理运营、企业生产与经营运营、企业的产品运营。在这三大板块中，企业的产品运营是非常重要的。产品是企业的生命线。大公司通常拥有较为完善的运营体系，各个部门职能健全，员工各司其职，举办产品营销活动或者品牌宣传活动时可以通过成熟的体系和渠道进行。小公司则不同，往往需要一人身兼多职去完成产品运营工作。一个企业如何才能够做好产品运营的工作呢？可以从以下几个方面着手。

（1）产品立项。

想要做好产品运营，就要对产品进行立项。产品立项分为三部分，即市场调研、竞品分析和产品定位。

第一部分：市场调研。

前面我们用较大篇幅对市场调研进行了详细阐述，市场调研的目的是了解目标市场，明确客户的需求，明确如何向市场和客户输送产品，输送怎样的产品等。市场调研是一项重要的工作，对于初创企业而言，是一堂必修课。

第二部分：竞品分析。

所谓竞品，就是市场上所有的同类型、具备竞争特性的商品。手机市场上的竞品是世界各大手机制造商的产品，如苹果、三星、华为、小米等品牌手机。这些手机之间有竞争关系，每一家手机制造商都在做竞品分析，并形成竞品分析报告。

第三部分：产品定位。

产品定位也是一件非常烦琐的工作，它包含的内容很多，主要分为七大方面：属性定位、利益定位、使用定位、使用者定位、竞争对手定位、价格组合定位、生活方式定位。做好了以上七大方面的定位工作，产品的定位工作才算完成。

产品立项是一种了解市场、分析市场的方式，目的在于有的放矢。

（2）产品审核。

产品审核就是产品生产前的一系列过程，它包括产品的讨论、产品的研发、产品的测试等过程。

过程一：产品的讨论。

当竞品报告出来之后，企业管理者就需要组建产品研发团队对产品进行定性讨论，并明确产品的具体类型、相关规格、相关功能、个性特点等，然后进入产品的研发过程。

过程二：产品的研发。

产品的研发就是产品的开发过程。产品的研发包括产品功能的设计、产品个性的设计等，有一些大型企业在产品研发方面有相关的制度，能够确保研发的进度和研发的精度。产品研发出来之后，将会进入产品的测试过程。

过程三：产品的测试。

产品的测试分为产品的内测与产品的外测。内测通常为企业内部测试，如果产品顺利通过内测，就进行外测。有一些企业邀请社会人员参与企业外测，并记录相关的测试数据。内测和外测均通过之后，该产品进入量产环节。

一般而言，产品的运营工作约有 50% 在产品的定位、产品的研发与产品的生产上。只有企业能够提供合格的产品，产品才有可能变成商品。

（3）产品运营。

产品的运营就是产品的经营环节。企业只有将产品卖出去，才能够从市场中获得资金。产品运营分两步，第一步，企业需要给产品设定运营的周期；第二步，企业需要提供产品的运营工具。

产品运营周期是什么呢？产品运营周期就是产品的生命周期。产品的生命周期包括产品的探索期、成长期、成熟期和衰退期。在每一个阶段或者时期，企业都要制定灵活的产品策略，以便在一个完整的产品生命周期内，实现产品的全销售。当一个产品逐渐进入衰退期时，企业就需要研发一款新产品来取代旧产品。

产品运营工具有很多，较为出名的产品运营工具有思维导图、细化方案执行流程、神策数据、团队协作项目工具、文案配图工具等，还有一些企业通过微信公众号、微博等平台宣传产品，也能实现非常好的宣传效果。

产品运营是一套商业哲学。马化腾曾表示：产品经理要关注最核心、能够获得用户口碑的战略点，如果这块没做透，结果只能是用户过来，失望，再花更多的精力去弥补，这是得不偿失的。如果产品运营不到位，产品经理的工作没有做好，消费者就会失望；如果产品运营到位了，产品经理的工作都做好了，消费者就会满意。产品运营做好了，钱也就来了。

4. 产品定位作用之确保组织盈利

当今时代是一个微利时代，想要从市场这块蛋糕上分到一块，并不是一件容易的事情。许多企业经营者都有这样的感受：钱越来越难赚，竞争越来越激烈，利润越来越薄，客户的要求越来越多。仿佛企业越来越难做，产品越来越难卖，甚至无法确保组织盈利了。然而，仍有一些企业在快速成长，甚至认为钱是好赚的。

有一家生物制药企业，企业老板李某是一个非常会赚钱的人。他用了五年时间，将该企业的经营规模扩大了三倍。许多人好奇："这家企业是如何做到的呢?"因为李某有一套逆向思维，这套思维是：与其学会如何赚钱，不如学会如何花钱。

任何企业都是以盈利为目的的，而花钱似乎是与盈利背道而驰的。李某认为：会花钱的人才会赚钱。他采用一种分红制度，就是所有的员工都是销售员，甚至连客户都是他的销售员。他向大家承诺，只要帮助企业销售一盒产品，就有钱可赚。他甚至还自掏腰包去鼓励大家，让大家去尝试。

在这种思维体系下，该企业所有的员工都在积极营销产品，而营销是极好的产品市场定位策略。通过营销探索，员工与客户都变成了产品的销售员。产品推销出去，企业拿出部分红利奖励员工和客户。通过这种方式，不仅该生物制药企业赚到了钱，而且员工和客户也赚到了钱。

除此之外，这位企业老板还用"蓄水池"原理进行存钱。什么是"蓄水池"原理呢？当企业获得利润之后，会把利润的25%进行定期储存。干旱地区的人们会采用"雨季蓄水、旱季使用"的方式解决旱季没有水的难题。对于企业而言，"蓄水池”就是“资金池”，“资金池”里面的资金越多，企业解决问题的能力也就越强。该生物制药企业每个月、每个季度、每一年都在进行“蓄水”。到了第五年，该企业资金充足，甚至不需要银行贷款。有了钱，该企业继续根据市场需求研发新产品，用新产品满足客户的需求。

对于企业而言，营销产品是盈利的“唯一”方式。企业生产产品，将产品卖出去才能够变现。卖产品，还需要花费许多心思。许多企业管理者认为：想要把产品卖出去，就要跟竞争者打价格战。但是盲目的价格战带来了严重的问题，这个问题是：盲目的价格战让产品的利润越来越少，甚至到了没有利润的地步。如果产品没有了利润，企业还能赚到钱吗？一些著名的企业，不但没有降价，反而涨价，享受品牌带来的溢价。品牌溢价是一种盈利模式，因此许多企业都在想尽办法打造品牌。

江小白是时下非常出名的一款酒水，许多年轻人喜欢江小白，而江小白独特的广告语也令人推崇。江小白有这样几条有趣的广告语：何以解忧，唯有小白；我就是我，我是独一无二的存在；爱上一匹野马，就得先整一片草原；微醺的时刻，才知道自己多爱你。这些广告语，非常亲民、时尚，直击年轻消费者的心。酒水行业是一个高利润、高附加值的行业，一瓶100毫升装的江小白酒价格约为20元，江小白靠这种品牌营销，获利不菲。

江小白的创始人陶石泉认为：江小白有许多忠实的客户，

要是让所有消费者都喜欢江小白，销售额得翻一百倍，那显然不现实。我们只服务喝过江小白、喜欢江小白的客户，服务到位，不用刻意争取不买、不喜欢江小白的客户，维护老客户的成本较低，发展新客户的代价较大。由此可见，江小白公司的盈利方式主要有三种：一是内容营销，用有趣的文案提升产品的文化魅力；二是做大品牌，品牌是软实力，能够带来强大的社会影响力和较高的品牌溢价；三是服务客户，尤其是服务并维护老客户。通过以上三种方式，江小白取得了成功。

许多企业管理者都在感叹："现在做什么都难，产品利润太薄了，几乎没法做市场了。"从中我们发现，许多企业管理者最头疼的是产品利润薄。产品利润为什么薄？简单来说：成本高，利润就薄了；盲目打价格战，利润就薄了；消费者不认可，低价促销，利润就薄了。想要解决利润薄的问题，企业就要想尽办法在保证产品质量的前提下降低生产成本；生产有市场竞争力的产品，不盲目参与价格战；采取更加新颖的引流模式和促销模式，将部分产品的成本转嫁出去；加大品牌建设力度，提升产品溢价；打造生态平台，借助共享模式，让客户参与产品的设计以及产品营销分红。总之，盈利的方式有很多种。今天的商业环境，其实就是入口大战、圈人比赛。谁能获得庞大的用户入口，谁就能在竞争中一骑绝尘。入口即商业入口，扩大入口的方式就是给产品做定位，给客户提供精准服务。

5. 产品定位作用之制造赚钱机会

如何才能制造赚钱的机会呢？赚钱，是一个企业的终极使命。有人说："赚钱要靠运气，有人拼了老命也未必能赚到钱。"还有人说："赚钱要看机会，抓住赚钱的机会就能够大赚一笔。"著名企业家冯仑认为：赚钱，要靠钱以外的四种功夫。这四种功夫是哪四种功夫呢？

第一种功夫——放低姿态。为什么要放低姿态呢？虽然人都是好面子的动物，但是唯有放低姿态才能够保持清醒的头脑。另外，放低自己的姿态就能够抬高客户的姿态。众所周知，产品离不开客户，客户是"上帝"。在"上帝"面前，企业要给足面子，让客户拥有一种高姿态，拥有良好的体验。客户感受到你的真诚，才会掏钱埋单。

第二种功夫——有他人认可的价值观。价值观到底是什么呢？价值观是基于人的一定的思维感官之上而做出的认知、理解、判断或抉择，也就是人认识事物、判定是非的一种思维或取向，从而体现出人、事、物一定的价值或作用。一个企业管理者的价值观能够与自己的员工、合作伙伴、客户的价值观产生微妙的关系。如果一个企业管理者具备合作、分享、冒险、驾驭的精神和能力，也就能够在赚钱的机会面前取得决策性胜利，从而将赚钱的机会转化为金钱。而那些天生会赚钱的人，似乎拥有人人皆认可的价值观，并能将他的思想观念引入商业和生活领域中。

第三种功夫——有耐心。无论做什么事，都需要有耐心。世界上几乎所有的成功者都是靠“耐心”获得财富的。钓鱼人能够钓到鱼，就是凭借耐心。如果鱼不咬钩，钓鱼人失去了耐心，频繁地更换钓鱼地点，有可能永远无法钓到鱼。尼克松表示：“胜利的道路是迂回曲折的。像山间小径一样，这条路有时先折回来，然后伸向前去；像走山间小径一样，走这条路需要耐心和毅力。”累了就歇在路边的人是不会得到胜利的。赚钱的商机不是一直都有，因此需要我们耐心等待。

第四种功夫——预判。什么是预判呢？预判是一种高瞻远瞩的能力，能够提前发现商机。有一家企业的老板，五年之前就开始布局人工智能，利用自身优势对企业进行升级，延伸产业链。五年之前，人工智能的概念还非常模糊，许多人无法预知未来到底会怎样。但是五年之后，这家企业已经有较为成熟的人工智能产品了，成功布局了人工智能产品市场，给广大消费者提供了引领消费理念的新产品，不仅赚到了钱，而且掌握了市场主动权。企业老板如果具有预判能力，就能提前抓住商机或者制造出新商机。

马云在 2016 杭州云栖大会上讲过新零售的概念，他对新零售的理解是：未来的十年、二十年，没有电子商务这一说，只有新零售。新零售，即企业以互联网为依托，运用大数据、人工智能等先进技术手段，对产品的生产、流通与销售过程进行升级改造，进而重塑业态结构与生态圈，并对线上服务、线下体验以及现代物流进行深度融合的零售新模式。线上线下和物流结合在一起，才会产生新零售。也就是说，一个企业可以通过新零售的方式营造一个新的营销生态，将自己的产品置于其中。

小米科技是新零售的倡导者，它是如何赚钱的呢？小米模式是一种互联网思维模式，即用硬件养市场的模式。众所周知，小米手机是高性价比的代名词，高性价比的手机让众多“米粉”疯狂抢购。因此，小米手机在短短几年内就塑造了手机品牌。除此之外，小米旗下的其他商品采取了高性价比的微利营销模式。有人问：“用微利营销模式如何多赚钱呢?”小米科技提供的服务是赚钱的利器。有数据显示，每一位小米手机用户每天停留在小米手机上的时间超过 4 个小时。也就是说，小米手机用户与小米有一种非常紧密的关系。当这些用户购买小米的收费服务时，小米就可以从中赚取一笔增值服务费。小米科技正在布局 1000 家“小米之家”。“小米之家”经营小米生态链产品。什么是生态链产品呢？小米正在设计科技生态家庭，用户可以购买小米旗下的全套科技产品来营造小米生态链。消费者能够从小米生态链中获得更加舒适的体验，从而满足自身需求。通过这种方式，小米科技挖掘到了赚钱的机会。小米科技创始人雷军表示：创业要大成，一定要找到能让猪飞上天的台风口。勤奋、努力加坚持等，只是成功的必要条件，最关键的是在对的时候做对的事情。

赚钱的机会可以等待，还可以制造。小米科技告诉企业一种赚钱的方式：高性价比策略，打造品牌，拓展客户，吸纳“粉丝”，硬件和服务升级。口碑是非常重要的。企业要对自己的产品和服务严格要求，才能够提升消费者的体验，并创造出口碑，制造出赚钱的机会。

第六章 打造高绩效团队

1. 设定科学的团队选人标准

企业是人的组织，企业管理者选人、用人是非常重要的一件事。如果选人工作和用人工作做不好，也就无法管理好企业，更无法打造高绩效团队。企业管理者如何选人呢？是否需要设定标准呢？

华为集团是中国著名的企业之一，该企业非常重视人才，在选人用人打造团队方面，有自己的特色。华为集团创始人任正非有一个选人观："我们要改变过去大呼隆的招聘方法，真正的专家、主管不上前线，人力资源顾问看简历面试又不深刻，导致大规模进人、大规模走人。不仅对公司不负责任，而且对员工也不负责任。一个青年的青春是有限的，耽误人家几年，对得起人家吗？我们要不断充实队伍，也要选对需要的人，人家也需要选对人生的道路。"企业选人是双向的，企业老板在考察团队成员，团队成员也在考察企业和企业老板。另外，任正非有一个观点："太注重个人成就感的人不能当干部。"

任正非为什么会有这样的一番感悟呢？一个能力超强的人，往往能够凭借一己之力扭转乾坤，而这也能够成就他的个人英雄主义梦想。但是，个人英雄主义的时代已经结束了。当今时代是互联网的时代，这样的时代的一大特点就是分担与共享。在一个团队中，每一个人都要有团队凝聚力和奉献精神，发挥团队作用才能够体现个人的价值。个人英雄主义者，往往会因自己的个性而变成团队中的“孤岛”，独来独往，不参与团队行动。太注重个人成就感的人并不具备统领团队的能力。

如果一个企业正在搭建团队，企业管理者应该设定怎样的选人标准呢？可以参照以下内容。

（1）有集体荣誉感。

团队是一个集体，一荣俱荣，一损俱损。现实中，有些人，当团队出现危机的时候，他们就会当逃兵。这一类逃兵有一个口头禅：“宁可甩锅，也不能背锅。”逃兵式的成员是不符合团队选人标准的。俗话说：“众人拾柴火焰高。”如果一个人有团队意识，就会表现出集体荣誉的特性。他能够清醒地认识个人与集体之间的关系：个人离开集体，将不具备集体的力量；个人在集体中，才能够拥有集体的力量。有集体荣誉感表现在三个方面：热爱集体，关心集体，为集体奉献自己的力量。如果一个人具备以上三个方面的良好表现，就基本符合了团队用人的要求。

（2）有拼搏精神。

一个集体或团队，需要有拼搏精神的团队成员。一家钢铁企业，有一个“钢铁攻关小组”，攻关小组负责攻关钢铁生产方面的新技术。在钢铁市场不好的情况下，提高技术生产能力，生产高附加值的特种钢材是钢铁企业的出路。因此，这个“钢铁攻关小组”对于企业而言非常重要。攻关小组一共有12名成员，该攻关小组为了突破一项新技术，连续奋战了266天，终于取得了成功。有拼搏精神的员工才是团队需要的成员；没有拼搏精神的员工无法在关键时刻“顶”上去，也就无法帮助团队解决关键问题。任正非也曾表示：华为集团从关键事件中选拔核心员工。一个人是否有拼搏精神，往往在关键事件上有所体现。

（3）懂得沟通。

身在一个集体中，就要把集体中的成员当作自己的左手和右手。如何才能让自己的左手、右手灵活自如呢？或者说，如何才能够表现出一种团队精神呢？沟通。如果遇到了问题，而自己又无法独立解决，就需要让自己的伙伴来帮忙。因此，沟通很关键。英特尔集团前首席执行官葛洛夫表示：有效的沟通取决于沟通者对话题的充分掌握，而非措辞的甜美。有效沟通是团队成员所必备的一项技能，不懂沟通也就无法与其他成员一起工作。另外，团队的磨合就是靠沟通来完成的。一个人如果不善于沟通，就会把自己孤立起来，自己的一切活动也将游离在团队之外。在一个团队中，团队管理者是发布命令的人，团队成员是执行命令的人。在工作过程中，团队成员之间需要用沟通的方式了解对方的想法，并想办法达成一致，形成合力。另外，团队管理者想要了解工作进展或问题真相，要用沟通的方式与团队成员进行交流。团队离不开沟通，沟通是团队成员的必修课。

（4）具备与岗位相匹配的能力。

团队由多人组成，要求每一名成员都具备与自己岗位相匹配的能力。销售部门通常由销售总经理、销售经理、财务人员、司机组成。销售总经理是销售部门的主管，需要具备一定的管理能力、决策能力、领导能力、制订并实施计划的能力等；销售经理是销售部门的销售主力，需要与市场、客户直接打交道，因此需要具备营销能力、沟通能力、服务能力、开拓能力等；财务人员需要掌握财务会计的本领，能够将财务与出纳的工作落实到位，将往来账目做好；司机需要拥有职业精神。

企业管理者只有选对成员，才能够打造高绩效团队。

2. 高绩效团队之责任到位

责任是一个人要成功所需要的重要的元素之一，没有责任心的人将一事无成。企业管理者要以是否有责任心为标准去选拔团队成员。什么是责任呢？责任就是一个人对家庭、集体、社会负责的态度。一个对家庭有责任心的人，能够保护自己的家庭，给自己的家庭带来稳定的生活保障，并且能够确保每一名家庭成员幸福地生活。一个对企业有责任心的人，会爱护企业，爱护自己的下属和尊重领导，有强烈的使命感，能够在强大的压力之下完成任务。林肯表示：每一个人都应该有这样的信心：人所能负的责任，我必能负；人所不能负的责任，我亦能负。如此，你才能磨炼自己，求得更多的知识而进入更高的境界。

有一支拥有12名成员的登山队，12名成员中有10名男性、2名女性。该登山队准备攀登珠穆朗玛峰。这支登山队的成员来自世界各地，大家用英语沟通。为了完成登山任务，每一名成员都被安排了任务，力量更加强劲、体能更加充沛的人负责携带物资，登山经验丰富的成员负责规划路线并带路。于是，一支专业队伍就这样成立了。

攀登不久后，他们遭遇了暴雪天气。但是每一名登山队员都没有气馁，而是顾全大局，选择撤退至大本营。天气好转之后，他们又开始攀登。在攀登过程中，每一名登山队员都有强大的责任感，互相照顾，并且承担起自己的职责。在这种团队精神的指引下，该登山队很快到达7000米的高处，并对峰顶发起最后的冲击。

众所周知，登山最危险的时刻在于即将登顶之时。登山队长再次对队员布置任务，并重新规划路线。所有的队员都积极提出意见，并发誓完成自己的任务。修整一夜的登山队员开始发起登顶冲击，最后成功完成登顶任务。

这支登山队是高绩效团队，是高执行力、高凝聚力团队。团队中，每一名成员都有强大的团队意识和责任感。他们不仅能够做到良好沟通和协同，还能够相互帮助，评估每一个任务的风险。该登山队队长说：“登山队需要每一名登山队员都有强大的自信心和荣誉感，并且在团队需要的时候能够随时做出牺牲。”管理大师洛德福特认为：责任感以及有效地派任职务是成功企业的经营要素之一。

企业管理者如何才能够激发团队成员的责任感呢？可以通过以下几种方式。

（1）编写岗位说明书。

在一个团队中，每位团队成员都有自己的岗位和任务。如果管理者能够编写岗位说明书或者团队说明书，明确岗位要求和责任，就能够确保团队利益最大化。

通常而言，岗位说明书包括成员的职位、成员的工作要领、成员的工作目标和绩效、应该完成的任务和拥有的权利。岗位说明书一定要清晰，让每一名团队成员都能够了解并领悟自己的岗位精神，知道自己的权利是什么，义务是什么，边界在哪里，如何应对突发事件等。编写岗位说明书可以明确各自的责任，防止相互推诿。

（2）明确共同责任。

什么是共同责任呢？共同责任就是一个团队的共同责任，A 犯错了，B 有连带责任，甚至 C 也有连带责任。如果一个团队能够明确共同责任，团队成员之间就会形成一种责任关系。也就是说，A 工作的时候，B 有责任进行辅助，C 也有责任进行监督。只有这样，团队责任才能够形成。如何才能够明确这种共同责任呢？

第一，灌输团队意识。

团队意识是一种强大的精神意识，如果每一名成员都有团队意识，也就有团队责任。团队管理者要向团队输出团队文化，让每一名成员相互尊重、相互扶持、相互理解。如此，团队意识就能够形成。

第二，打造团队荣誉感。

前面我们讲过，团队是一荣俱荣、一损俱损的。如果一个团队成员有强大的荣誉感，就会带着其他团队成员朝着胜利的方向前进。团队荣誉感同样需要团队意识的支撑，另外，团队管理者要向每一名团队成员灌输荣誉意识，并且让团队成员分享团队获得的成果。

（3）编制责任相关制度。

并不是所有的成员都有团队精神和团队责任感，那么，如何解决这样的问题呢？一个简单而直接的办法就是编制责任相关制度。在制度中规定相关的追责措施：奖励尽责者，惩罚不尽责者。通过这种方式去约束团队成员的行为，让团队成员逐渐形成责任感和责任意识。另外，团队负责人需要做出表率，用自己的实际行动引导团队成员。只有这样，责任制度和监督制度才能够高效发挥作用。

奥地利心理学家维克多·弗兰克尔认为：每个人都被生命询问，而他只有用自己的生命才能回答此问题；只有以“负责”来答复生命。因此，“能够负责”是人类存在最重要的本质。如果每一名团队成员都能够肩负责任，团队也将拥有强大的生命力。

3. 高绩效团队之授权

在一个团队中，每个人都有自己的权利，且每一个人都是独立的。当下，许多企业都在采取扁平化的管理模式，团队成员直接向团队管理者汇报，团队管理者对成员进行直接授权。

马云是一个喜欢授权的人，正因为授权，他才有时间去做别的思考。为什么要授权呢？一方面，管理者不必事事亲为，事事亲为的领导太累，而且没时间去做其他重要的事情；另一方面，管理者有自己不擅长的事情，把自己不擅长的事情交给擅长它的人去做，效果会更好。与马云不同，特斯拉的创始人马斯克是一个事事亲为的人，也就是说，马斯克是一个“微观管理者”。两种不同的团队管理者，哪一种能取得更大的成功呢？我们看一个故事。

有一位企业老板事事都管，事事都问。这样的老板是负责任的老板，能够做出准确的判断，并给予员工合理的引导。有一次，该企业的市场部门正在调研市场，业务人员发现产品的市场价格开始震荡，准备打报告申请。此时，老板的电话来了，他问业务人员：“市场价格震荡，需要做调整，你把价格调整方案发过来。”

半个小时之后，业务人员把价格调整方案做好了，然后让老板拍板。业务人员做的价格调整幅度是合情合理的，但是老板认为，这件事需要自己亲自调查。换句话说，老板之所以这样做，是因为他不完全信任业务人员。两天之后，方案确定了，按照业务人员制订的方案执行。

另外，这位老板在企业推行无纸化办公期间，对产品耗材一事也亲自过问、亲自管理。有一位员工说："我有点儿讨厌我现在的工作，一点儿自主性、独立性都没有。"在这家企业，许多员工都有这样的感受，自己的工作不自由，老板的"事事亲为"让自己的工作积极性受到了打击。

后来，员工们习惯了老板的这种做法，逐渐养成了一种"甩锅"做法，把任何事的决定权都甩给老板。结果，该企业老板的工作越做越多，员工却无所事事，企业效益也不见起色。

聪明的老板会授权，万科集团的创始人王石非常懂得授权艺术。王石曾表示：当企业家过于依赖权力，它就可能是毒药。当你超越权力的时候，它不仅可能是毒药，还可能是一种炸药，它会对公司、社会造成损害。人要知道如何把握边界，学会放权。牢牢把持着权力不放，权力就会失效。在一个团队里，团队成员只是分工不同，但是地位是平等的。团队管理者要善于授权，自己只做应该做的"大脑"工作。如何进行授权呢？团队管理者可以按照授权"六部曲"进行。

（1）解释工作的重要性。

团队管理者在授权的时候，一定要把授权工作的相关说明交代清楚：该工作是一项怎样的工作，重要程度如何。如果团队成员了解了工作的重要性，也就能够调整自己的工作状态，改变自己的工作行为了。

（2）说明职位要求。

团队管理者一定要把职位有怎样的要求说明白。某团队管理者对某成员授权，并提醒团队成员："一定要有责任心，按照规章流程进行操作，如果遇到问题要及时汇报，还要接受大家的监督。"职位要求交代清楚了，团队成员才能够严格要求自己。

（3）界定职权范围。

授权并不是把权力放出去就结束了，团队管理者要对职权范围进行界定。如何界定职权范围呢？管理者要明确告知团队成员：边界在哪里；哪些事情可以做，哪些事情不可以做；如果越界了，将会受到怎样的责任追究。只有这样，授权的工作才能够做好。

（4）约定授权期限。

通常来讲，授权是有期限的。某企业管理者授权给某员工从事市场代理管理工作，授权期限为半年。也就是说，半年期限内，这位员工手里的权力是有效的；半年之后，权力将会被收回。约定授权期限的好处是，管理者可以督促员工在约定期限内完成工作。

（5）平衡上下级关系。

授权还可以看作一种沟通，管理者通过授权平衡上下级关系，并且能够鼓励员工努力工作。有一位企业管理者认为：授权是一种信任，授权给对方，就是信任对方。员工得到信任，工作的自信心也会加强。通过授权平衡上下级关系是一种非常好的方式，能够缓解上下级之间的紧张关系。

（6）追踪控制被授权人。

授权的目的是控权。授权就像放风筝，管理者仍旧握着风筝线。如果上面的内容都已经落实到位了，管理者只需要定期对团队成员进行追踪、询问即可。这样既能够了解工作进度，还能够留给团队成员独立的工作空间，让他们发挥个人能动性。

企业管理专家余世维表示：工作任务委派不足会困住无戒备的领导者和管理者，他们会被过多的文件工作和需要处理的细节问题压倒，只有很少的时间可以从事体现创造力的规划和管理工作。从根本上讲，领导者的心态是罪魁祸首。相信下属的领导者会培训好他们，给他们肩负起重大项目责任的机会。由此可见，在创建高效团队时，团队领导者要适当分权、授权，这样才能够锻炼团队成员，并且让团队成员快速成长。

4. 高绩效团队之利益分配

团队不仅需要一起干活，还需要合理分配利益。如果一个团队管理者只让团队成员干活，到了丰收的时候却不舍得分配利益，会不会给团队带来很大的麻烦呢？

有一名医生王某，这名医生有着非常好的工作经历，临床经验非常丰富。后来他脱离医院组织，单独成立了一个手术专家团队。王某的团队一共有 11 个人，其中包括 2 名副主任医师。团队成立之后，负责业务对接的成员开始对接手术治疗相对落后的医院，承揽业务。

在团队成员的努力下，这个团队很快走上了发展轨道。半年之后，该团队已经有了接连不断的业务，和稳定的收入来源了。到了年底，团队的成员们开始想：王医生一定会给我们一个好的年终回报的，辛苦一年了，大家都不容易。

结果他们并没有等来期望的结果，而是仅仅收到工资之外的 5000 元春节过节费。与此截然相反的是，王某花了 100 多万元为自己添置了一辆宝马汽车。此时，团队成员刘某写了辞职报告，决定退出该团队，退出的理由是：在医院上班也比现在收入高。

刘某辞职之后，又有 3 名成员退出，其中包括跟随王某多年的 1 名副主任医师。王某百思不得其解，于是向管理机构咨询。管理机构给出的建议是：大方一些，不要让团队成员付出心血却得不到回报。但是王某始终认为，自己才是团队的灵魂，如果没有自己，所有人都拿不到工资。最终，王某的团队在两年后宣布解散。

王某的“抠门”做法令团队成员感到失望。没有团队的整体运作，也就没有王某的成绩。团队是一个利益共同体，虽然团队核心成员与团队的辅助成员之间的能力存在差异，但是在利益分配方面要力求科学、公正。前文讲过，会花钱的人才会赚钱。同理，会分配利益的人才能够成为利益的拥有者。

种棉大户陈某拥有上万亩的棉田。但是仅凭他一个人是无法管好棉田的，于是他组建了一个管理团队，这个团队一共有5个人。管理团队中的每个人都各司其职，分别负责不同的管理项目，有的负责施肥，有的负责组织采摘，有的负责棉花储存与销售等。

陈某是一个非常大方的老板，早年在南方做生意时就以大方出名。很多人都说："跟着陈老板干准没错，他一定不会亏待你。"到了丰收的季节，陈某的团队成员非常忙碌，幸运的是他们赶上了一个丰收季，棉花售价也高。陈某赚到了钱，于是开始筹划如何分钱。

他将总利润的25%存在公司，形成存款"蓄水池"用以防控风险；拿出总利润的35%进行了棉田的扩展；剩余的40%按照贡献值和绩效对管理团队成员和其他员工进行奖励。所有员工都非常感激陈某，并说："只要陈老板在这里，我们就跟着陈老板干。"

大方的陈某并没有因为大方而折本，反而每年的收益都稳定增长。如今，陈某的棉花产业链扩大了三倍，他给每名管理团队成员添置了一辆价值20万元的轿车。

很显然，陈某是一个非常懂得团队利益分配的人。利益分配妥当，员工的心也就稳了，工作也就更有积极性了。

众所周知，马云是成功的企业家，马云创办的阿里巴巴以及阿里巴巴模式也是成功的。阿里巴巴模式就是一种利益分配模式。马云虽然是阿里巴巴的创始人，却不是控股老板。创业之初，马云就有一种“财散人聚、财聚人散”的意识，他认为：如果将钱分下去，员工得到了钱，就会跟着你走，然后付出更多以获得更多的回报；如果自己留着钱，员工得不到钱，就会去找其他分钱的老板。如今，阿里巴巴仍旧采取这样的方式，将企业所创造的大部分利润分配给员工，员工愿意为阿里巴巴付出，因此就有了阿里巴巴商业帝国。

除了马云，任正非也是一个非常会分钱的老板。任正非认为：华为公司发展到今天，他没做什么实质性的贡献，如果一定要说有什么贡献的话，就是在分钱的问题上没有犯大的错误。华为的分钱并不是狭义的分钱，而是体现在三个方面：分权、分利、分名。分权，华为采取了一种轮值 CEO（首席执行官）的管理方式，任何一名核心高管都有机会掌握这种权力，这种权力的授予不但没有引起管理腐败，反而让华为团队的管理高效、透明。分利就是分钱，华为集团的分钱方式很多，既有薪酬、奖金和持股的分红，又有期权激励和其他的利益分配方案，贡献值高的员工拿到百万年薪不是梦。分名，就是分头衔。对于贡献值高的员工，金钱与精神激励双管齐下，才能够彻底调动员工的积极性。任正非总结：钱分好了，管理的一大半问题就解决了。

企业管理者或者团队管理者一定要学会分钱，善于分钱，把钱分给团队成员。只有这样，才能够让团队成员获得成就感。

5. 高绩效团队之风险控制

一个团队是许多人形成的队伍，它不仅需要管理，还需要人与人之间的磨合。更重要的是，团队中的每一名成员都要有责任感、荣誉感、职业道德精神。即便是这样，一个团队还是会存在各种各样的风险。

（1）团队存在的风险种类。

团队存在的风险种类有很多，既有可控的风险，也有不可控的风险。这里主要讲一下团队遭遇的常见风险。

第一，钓鱼网站带来的风险。

目前，绝大多数的企业和职业团队都使用信息化办公系统，重要的工作事项都借助互联网完成，而网络上有许多虚假信息，如某些钓鱼网站发送链接，如果团队成员点开此链接，其电脑等终端工具就有可能面临感染病毒的危险。想要解决这个问题，需要专业人员对电脑等终端工具进行定期维护和防护，并向团队成员进行风险授课。

第二，向未经验证的部门或者机构提供真实数据。

企业组织因为数据信息泄露而造成重大损失的案例比比皆是，因此企业老板或团队组织者及团队成员要高度注意。许多虚假部门以收集相关数据信息为借口，骗取企业信息，从而对企业进行诈骗。还有一些企业员工因获得某些组织机构的好处，而出卖企业组织信息，这一种风险属于道德风险。

第三，给团队之外的成员提供重要信息。

有一些团队成员在没有经过管理者授意的情况下，将团队内的重要信息提供给团队之外的人，信息的泄露将会给团队建设带来非常大的麻烦。许多人并不是故意泄露的，而是在不经意间将信息泄露出去的。有一些企业因这样的信息泄露损失惨重。但做好员工信息安全培训，这些风险是可以控制的。

第四，向竞争对手提供重要团队信息。

这样的风险属于道德风险。有个别的团队成员不满足于工作现状，而此时竞争对手花钱向其购买情报，团队成员就有可能将团队的重要信息告诉竞争对手。信息泄露是重大的团队风险。一个企业如果能够控制信息泄露风险，也将最大限度确保团队利益。

第五，负面消极的话。

为什么我们把负面消极的话放在团队风险项里呢？某企业管理者认为：消极的话能够动摇团队的军心，瓦解团队的斗志，给团队增加不确定的因素，如消极态度、抵触情绪等。事实上，负面消极的话有极大的破坏性。某企业曾因员工中流传的负面消极的话导致车间员工罢工，给企业造成严重的损失。对于一些销售团队而言，销售工作遭受挫折是常见的事情，如果负面消极的话扩散开，会严重打击团队成员的营销积极性。

第六，其他部门的干扰。

一个企业内部，可能有许多团队。不同的团队有不同的分工，个别团队之间可能有合作的项目。当其中一个团队向另一个团队施压，或者出于非工作目的对其他团队进行打压和破坏时，就会严重影响团队建设。一个成熟的团队应该想尽一切办法排除其他团队的干扰，保持独立性和完整性。

除以上六种风险之外，还有很多风险，因为篇幅问题，不再一一赘述了。

（2）控制团队风险的方法。

如果一个企业或者团队能够采取一定的方法控制风险，就能够把团队建设好。控制团队风险的办法有以下几种。

第一，加强团队成员的职业道德建设。

企业或者团队遭遇的风险，多半是道德风险导致的。对于一个团队而言，管理者除了在选人时进行严格把关，还要对团队成员进行相关引导和培训，让团队成员明确职业道德对丁团队的重要性。另外，职业道德是一位职场人的“全部”，失去了“职业道德”将会失去全部。

第二，增强团队成员的归属感。

如果一个团队成员没有归属感，带来的最大的问题是什么呢？最大的问题是团队成员迫切地想要离开团队。如果有一名团队成员想要离开团队，那么他可能会带走这个团队的相关信息和资源。如果这名团队成员加盟了竞争对手的团队，将对这个团队造成致命打击。团队管理者一定要想办法增强团队成员的归属感，关心团队的每一名成员，让团队成员能够融入团队中，把团队当成自己的精神家园。只有这样，团队成员才会安心在团队中工作、生活。

第三，加强与团队成员的互动。

某位团队管理者解决风险的方式就是与团队成员进行交流互动，拉近彼此之间的关系。关系近了，管理者也就能够了解团队成员的真实想法。这位团队管理者曾经发现，有一位团队成员家庭生变，急需用钱，就想办法预支了一部分备用金，帮助他解燃眉之急。这位团队成员解决了问题之后，非常感激团队管理者，在工作中更加积极，态度更好。交流互动也是加强团队精神建设的一种方式。

第四，信任团队成员。

苏霍姆林斯基曾表示：对人的热情，对人的信任，形象点说，是爱抚，是温存的翅膀赖以飞翔的空气。信任是一种智慧，也是一种授权。被信任一方，通常不会辜负对方，会积极做好自己的工作。授权是一种授信，授权不但不会增加团队风险，反而会降低团队风险。

除上述四种做法之外，团队管理者要加强其他方面的风险管控，关注政策、市场等因素对团队的影响。

6. 高绩效团队之愿景

愿景是什么呢？愿景就是希望看到的场景。现实中，每个人都有自己的愿景，企业管理者的愿景是企业有较好的发展，或者未来某一天能上市，自己的财富能达到怎样的程度。企业员工的愿景是自己有较高的收入和被人尊重的职场地位等。《第五项修炼》中是这样解释愿景的：愿景是你想要创造的，用现在时描绘的未来图像，就好像发生在眼前一样。

年轻人陈某有一个愿望：通过自己的努力拿到 20 万元的年薪。为了实现这个梦想，他加入了某个团队。团队带头人刘某是一位非常优秀的团队领导者。

刘某对陈某说："如果你相信我，相信这个团队，你的梦想很快就能实现，而且我会给你提供最好的平台。"陈某相信刘某，于是一直跟着刘某干。在这个 14 个人的团队中，陈某从事营销管理工作。他工作非常努力，而且成为了团队的中流砥柱。一年之后，陈某拿到了 10 万元的年薪，距离自己的梦想还差一半。

此时，刘某再次找陈某谈话："你的表现很不错，如果我们再努力一点，可能会换来更好的局面，我们一起加油。"在刘某的鼓励和承诺下，陈某工作得更加努力和积极了。为了早日实现自己的愿景，他还考取了几个重要的职业证书。两年后，陈某的年薪达到了 20 万元，而且有继续上升的空间。

在刘某的团队中，几乎所有的人都实现了自己的理想，而刘某的团队也已经由原来的 14 个人变成了 40 个人。

每个人都有自己的愿景，团队也有团队的愿景。对于一个团队组织者而言，既需要给团队成员描绘并设置愿景，也要给团队设置愿景。一个清晰的愿景都有哪些好处呢？通常来讲，它有三大好处。一是清晰的愿景可以让团队更快成功。正如谷歌某高管所言：拥有引人注目的共同愿景对于团队的成功来说至关重要，因为它可以让团队成员保持专注并朝着同一个方向前进；相反，没有共同愿景的团队由于难以聚焦和缺乏动力，而停滞不前。愿景就是一个方向，有愿景就像航行在茫茫大海中的船有了目标。二是团队有了目标和方向，团队成员也就知道自己的方向在哪里了，他们也就知道劲儿往哪里使了，知道如何才能够整合自己的资源。三是清晰的愿景是一条逻辑线，每个人都可以在符合逻辑的道路上安排自己的工作，而符合逻辑的工作犯错误少。团队的愿景都包括哪些元素呢？

（1）初心。

什么是初心呢？简单来说，就是一个人最初的愿望。团队成立之初，团队组织者都有一个最初的想法。有个团队的组织者有一个愿望——打造一个公益性的平台，将所得的50%的利润用于公益事业。当这个团队发展壮大之后，团队利用自己的资源搭建了一个公益性的平台，并实现了自己的初心。有人说："初心不变，一切才是真的。"苏轼曾言："守其初心，始终不变。"初心是初衷，也是一个团队的根基，动摇了初心，就会动摇团队的根基。团队组织者应该坚持自己的初心。

（2）使命。

每个人都有自己的使命，使命与初心是一致的。如果我们把初心看作源头，这个源头将会形成一条河，而河的使命就是流入大海。使命是一种责任，是应该尽到的义务。任何一个企业和人都有自己的责任和使命。因此，团队组织者一定要明确团队的使命是什么，并将团队的使命告诉每一名团队成员。

（3）目标。

目标就是使命和初心所指向的具体内容。某个团队有一个目标——通过五年时间的努力上市。也就是说，企业上市就是该管理团队的目标。确定了目标，也就确定了工作方向和工作内容。博恩·崔西表示：要达成伟大的成就，最重要的秘诀在于确定你的目标，然后开始干，采取行动，朝着目标前进。美国著名作家诺曼·文森特·皮尔认为：所有成功人士都有目标。如果一个人不知道他想去哪里，不知道他想成为什么样的人、想做什么样的事，他就不会成功。有了团队目标，团队组织者才能够带领团队实现团队愿景和团队梦想。

（4）战略。

团队的愿景不仅是一个“梦想”，而且是一种谋略。某企业家认为：愿景的背后是一个人的想法，而想法会形成一种方向和战略。一个人有了愿景目标，就会为自己进行人生规划。人生规划包括一个人的志向、资源、想法，企业组织和团队的规划大同小异。因此，一个团队在制定目标的时候，要把战略思路梳理出来，形成一条清晰、明确的战略线。

（5）价值观。

前面我们讲到了价值观的含义，价值观是一种思维取向，它具有稳定性、持久性。如果一个团队能够形成价值观，或者每一名团队成员拥有团队价值观，就会形成向心力和凝聚力。

团队愿景对于打造一个高效团队来说是非常重要的。团队离不开团队愿景，团队成员也是如此。团队有了初心目标、核心价值观，也就有了稳定的发展根基。

7. 高绩效团队之精神打造

对于一个团队来说，精神状态十分重要。如果一个团队没有形成团队精神，也就如同一盘散沙，无法完成既定的目标任务。

有一支足球队明星云集，老板非常慷慨，总是能够给出令人羡慕的赢球奖金。令人奇怪的是，这支球队却打不出应有的成绩。足球队的管理者总是认为：球队的主教练是一切工作的管理者，球队不出成绩，一定是主教练的工作没有做好。于是，这支足球队进入了频繁更换主教练的模式，两年换了三名主教练，但是球队成绩始终无法达到预期效果。

有一天训练课上，两名球员突然罢训，其他球员虽然参与了训练，但是训练的态度和积极性都存在问题。新上任的主教练发现了无法解决的难题，便向球队申请权限，卖掉部分球员。但是这支球队的老板并不这么认为，他说："主教练是一名厨师，球员是食材。我给你提供了的食材都是最高档的，你应该展现厨艺，把菜做好，而不是嫌弃我的食材。”正因为存在不可调和的矛盾，球队的主教练在上任四天后，突然申请辞职。

这支豪门球队的内讧问题十分严重，球队分为三派。每一派都想树立权威，最后却引来了更大的争端。在一场足球比赛中，这支豪门球队0∶4输给了一支升班马球队，这让球队的老板大为光火。这位球队老板痛定思痛，将相关权力授给主教练。主教练将队内的几个“刺儿头”球员卖掉，换取了一部分转会资金，然后用这一笔钱购买了几名年轻球员。在磨合过程中，球队成绩虽有起伏，但是精神面貌焕然一新。磨合了一年，球队终于在第二年拿到了联赛冠军。

这支球队的主教练表示：足球是11个人的运动，如果有1个人不团结，游离在球队之外，场上也就少了1个人。试想一下，10打11，我们还有什么胜利的希望吗？在球场上，11个人必须团结一心，表现出强大的求胜欲望，才能够赢下比赛。

这个故事告诉我们，团队成员必须团结一心，才能够取得成绩。团队不是1个人的，而是大家的，团队精神反映了个人利益与团队利益的高度一致。奥斯特洛夫斯基表示：谁若与集体脱离，谁的命运就要悲哀。集体什么时候都能提高你，并且使你两脚站得稳。如果一个团队能够表现出强大的精神力，就能够创造奇迹。

有着“篮球之神”之称的迈克尔·乔丹也曾表示：一名伟大的球星的最突出的能力就是让周围的队友变得更好。如果团队中的每一名成员都有乔丹式的想法，那么这样的团队是非常厉害的。如何才能让一个团队更加有团队精神呢？团队组织者可以按照以下方法去做。

(1) 建立团队管理制度。

许多团队如同一盘散沙，问题多半出在管理上。如果一个团队引入了完善的管理制度，就可以依靠制度去约束团队成员的行为。因此，团队管理者需要建设并完善团队管理制度，有了制度，团队成员的行为也就有了约束，慢慢他们也就能够形成一种良好的工作习惯了。

(2) 营造良好的团队环境。

团队环境很重要，轻松的环境与紧张高压的环境是不同的。团队管理者需要营造一个和谐的、轻松的、积极的、充满竞争力的环境。营造良好的团队环境并不是一件容易的事情，常常需要团队管理者做出妥协和让步，拒绝“一言堂”行为，要学会“一碗水端平”。只有公平、透明、民主的团队环境，才有利于团队的建设。

沟通很重要。在一个团队中，每一个团队成员都有各自的角色和任务，当他们的工作需要结合时，就需要沟通。团队中的沟通既有上下级的沟通，还有平级之间的沟通。团队组织者要常常与其他成员进行沟通，营造出良好的沟通环境。有人说：“管理就是沟通、沟通、再沟通。”沟通是一门艺术，还是解决矛盾的重要方法。如果能够借助沟通解决团队中的问题，团队就能够健康成长。

(3) 让团队成员参与管理。

团队中的每一个人都是平等的，这种平等体现在话语权和参与权上。如果团队成员既是团队管理的参与者，还是团队组织者的合伙人，那么这个团队是一个合伙人团队，而不是上级与下级组合成的队伍。如果企业组织者能够引导团队成员参与团队的建设，也就能够让团队成员更好地融入团队之中。

除以上四种方法之外，团队管理者还需要尊重团队中的每一名成员，只有尊重才能够换来团队的团结。

第七章
打造畅销产品

1. 效果明显的产品

什么样的产品是效果明显的产品呢？或者说，什么样的产品是一款好产品呢？以苹果手机为例，苹果手机价格虽然高，但是销量却很惊人。许多人好奇，为什么会这样？难道人们不追求性价比吗？除了性价比之外，似乎苹果手机还有其他地方更加吸引消费者。苹果手机代表着一种体验、一种态度、一种个性。购买苹果手机的消费者是怎么想的呢？一位年轻白领购买苹果手机的理由是：苹果手机的性能更加稳定。一位学生购买苹果手机的理由是：其他同学都买了，我为什么不买呢？当身边人都有的时候，我希望自己也能够拥有。一位小型私企老板购买苹果手机的理由是：确实操作很流畅，使用起来很方便。不难看出，人们购买苹果手机的理由有这么几个：第一，质量好，性能稳定；第二，系统流畅不死机，体验好；第三，能够体现出一种身份；第四，跟风消费。总之，一款效果明显的产品是优秀的产品，而一款优秀的产品要具备以下几个特点。

（1）功能简化。

一款优秀的产品，其功能是简单的。有一位产品设计师说：“如果我们把复杂的问题简单化，就能够帮助消费者节省时间和精力，时间就是金钱。”换句话说，功能的简化不仅能够提升产品的使用体验，而且能够帮助客户节省时间和精力。一个功能优秀的产品，是“傻瓜”式的，点开就能够解决问题。在当下这个快节奏的社会里，绝大多数的人希望得到“一键式”的功能体验。如果企业能够设计出这样一款产品，将会满足许多消费者的内心需求。

（2）具有X因素。

什么是X因素呢？X因素就是不确定的因素，它也是一种变量，消费者能够从中获得惊喜和乐趣。如果消费者已经非常熟悉这款产品了，也就会渐渐对其失去兴趣。因此，企业为消费者提供一款充满“新鲜感”的产品是非常必要的。所谓的“新鲜感”就是X因素。另外，X因素是“奇点”，这个“奇点”能够满足一种新需求，或者打开一个新市场。

（3）质量好，耐用。

好的产品一定是经久耐用的。笔者曾经购买了一台国产电视机，这台电视机是国内老品牌，质量过硬，连续使用了七年，也没有出过一次问题。如果一款产品是令人放心的好产品，那它就是质量过硬的，可以长期使用。如果一台电视机只使用了一年就多次出现故障，那这样的产品怎么能够令消费者信赖呢？

（4）具有审美特点。

一款优秀的产品，具有良好的外观设计，就像一件艺术品。苹果手机的设计是非常考究的，因此“吸粉”无数。有一位企业老板认为：好的产品一定是精心设计的，外观、功能、布局以及每一个螺丝钉的选择，都要认真思考。在物质高度发达的社会，人们的审美水平不断提高，因此他们对产品的审美有一定的要求。当一位汽车发烧友看到一辆绝美的、流线型的跑车时，能不动心吗？

（5）功能显著。

说到底，消费者购买一个产品，主要是看中了产品具有的功能。自行车的功能是代步，汽车也是如此。空调的功能是提供舒适的居住环境，洗衣机的功能是洗衣服。一个好的洗衣机不仅能够把衣服洗干净，而且省水、省电、省时间。如果一款洗衣机不具备这些功能，恐怕就会被具备这些功能的更好的洗衣机代替。

（6）触及内心。

好的产品能打动人，如果不能够打动人，就无法给人们留下好印象。双立人是世界上有名的不锈钢厨具生产商，其生产的厨具质量一流，结实耐用，而且美观大方，十分上档次。当这些元素集中在一起后，就能够打动消费者。试想一下，当一名美食爱好者走进厨房，拿起一把双立人刀，非常轻松地切开平时不容易切开的食材时，内心会不会有一种满足感呢？如今，许多企业都在与消费者打心理战，所谓的心理战，就是让自己的产品更贴近消费者的内心。能够触及内心的产品是一款注重细节、注重情感的产品，这个产品能够给人的听觉、视觉、触觉带来奇妙的感受。

（7）带来帮助。

除了功能性的元素之外，一个产品能不能帮助消费者呢？这里所讲的“帮助”是功能之外的，可以解决其他产品解决不了的问题。

普通的洗衣机只能够将衣服洗干净，但是晾晒衣服还需要好的天气。如果冬天天气冷，或者连续阴天，衣服久晾不干该怎么办？如果有一台洗衣机具备烘干功能，消费者从洗衣机里拿出干燥的、不需要晾晒的衣服，就解决了冬天或者阴天晒衣服许久不干的问题。

除了上述七大特点之外，还有很多特点是畅销品或者优秀产品所具备的，我们将在下文详细讲解。

2. 简单、易于操作的产品

一件好的产品是易于上手和易于操作的，并且是极具人性化的。如果我们手上的某一款产品操作复杂，甚至每一次都要按照说明书的步骤进行，无疑会带来极大的不便。有一位企业家说："一款优秀的产品能使人马上上手使用。"

南方有一家科技公司，生产了一款机器手臂，这款机器手臂可以在复杂的环境中完成生产组装任务，或者说在某些特定环境下通过远程操控代替人工。

几年前，该科技公司参加招商会，有一家加工企业购买了几十套机器手臂。买回去之后，员工不会使用，于是这家科技公司派专业团队对加工企业的员工进行培训，培训时间为45天。经过一个半月的培训，加工企业的员工才逐渐适应了机器手臂。但是由于工人的操控熟练程度不高，第一年的生产量并没有达到既定目标。

后来，科技公司的第二代机器手臂上线了。第二代产品比第一代产品更加智能，操作简单方便。于是，之前的那家加工企业又购买了一百套产品。这一次，科技公司并没有组织为期45天的专业培训，而是用一周的时间完成了培训。加工企业的员工快速上手，可以在不依赖自身经验的情况下完成产品加工。这一年，加工企业超额完成了任务。

如今，科技公司的第三代机器手臂上线了。第三代产品更加智能了，完全可以实现电脑全控制。换句话说，只要员工打开机器，机器就会按照电脑设计的方案进行自动运转，执行效率非常高，出错率极低。于是，老客户加工企业再次购买了三百套机器手臂并将其装配到生产线上。这一次，加工企业的技术员工几乎没有看产品说明书就掌握了机器手臂的操作方法。其中的一名员工说："这个产品非常智能，甚至可以代替人工。"

通过几年的努力，这家科技公司终于生产出了一款优秀的智能产品，并且彻底打开了市场，每年销售额超过3亿元。另外，第四代机器手臂即将上线，而该公司已经提前拿到预约订单。

上述案例中的机器手臂是一款好产品，这款产品最大的特点就是简单、易于操作，失误率低，效率高。消费者购买产品，一方面关注产品的使用功能，另一方面关注产品的操作性能。

另一家科技公司，主要研究并开发移动端App（手机软件）。我国手机用户已经超过8亿人，在这8亿人里，超过6亿人长期使用智能手机，并在智能手机上进行消费、社交等。因此，手机App必不可少。一款比较有名的App是美团外卖，许多年轻人下载美团外卖App就是为了快速简单地解决吃饭问题。绝大多数年轻人追求“多快好省”，而App也要体现出这样的特点。

该科技公司的设计师说：“在竞争激烈的App市场中，操作简单的App更加受欢迎。人们打开App后，更愿意看到直接切入的核心页面，快速满足自己的需求。如果一款App操作复杂，功能繁多，没有突出重点，就会因实用性不强等缺陷被客户抛弃。”

一款App的使用者说：“我是一名上班族，平时工作紧张，根本没有太多的时间去研究一款复杂App的操作方式。对我而言，越简单、越直接的App越好。为了节省时间，我们只能选择这样的App。另外，操作复杂的App总是令人头疼，为什么要设计得那么复杂？难道不知道我们的时间很有限吗？”因此，一款能快速上手的App不仅可以帮助客户节省时间，省去许多不必要的步骤，而且能够释放客户的压力，更加符合客户的心理预期。

这家科技公司研发的App非常简单、人性化，操作界面简洁醒目，客户一眼就能够看到各种应用和功能。该科技公司推出了一款瑜伽App，客户打开这个App就能够看到课程按钮、音乐按钮、视频按钮和社区留言按钮，而且界面的颜色是动态可换的，能够营造出一种轻松、安逸的气氛。这款App推出不久，下载量就超过了20万次。

该科技公司的董事长说："我们不要对一些复杂的元素依依不舍，需要舍弃的就一定要舍弃。操作简单的东西，设计并不一定简单。我们一定要给客户提供一种简单到极致的体验。不要让客户来适应我们的产品，而要我们去适应客户的想法和需求。"凭借这种极简设计理念，该科技公司在App市场中取得了不错的成绩。

看似简单的产品，设计过程并不简单，它的背后有一套设计哲学。使用简单的产品，人们才能够享受到快感。另外，简单、直接的操作属性能够体现出产品的"重点"，快餐外卖软件就要体现外卖的特点，点餐简单、操作简单、付款简单；蓝牙设备，只要打开它，它就能够快速连接手机或其他移动互联网设备，并快速发挥其作用。给客户节省时间，也就是帮助客户省钱。客户能够从简单中得到更加纯粹的体验，就会反复使用并宣传该产品。简单、易于操作是一个产品应该具备的基本特征，也是消费者非常看重的一个特征。消费者买回去的是一个可以从中获得功能体验的产品，而不是一个复杂难懂的模型。

3. 方便又快捷的产品

方便、快捷也是人们选择产品的一大标准。对于上班族而言，选择一款节省时间的产品是非常有意义的。

小雨是一位公司白领，而且经常加班，休息的时间非常少。在餐饮方面，她几乎每天都选择快餐。众所周知，方便食品相当畅销。学生、上班族常常选择方便食品，就是因为这些食品具备“方便”的特点。

小雨晚上回家，经常吃泡面。泡面最大的特点就是简单、快速。以康师傅桶装面为例，只要用开水冲泡3分钟，就可以食用。人们吃完了之后，也无须刷碗，直接将一次性面桶和餐具扔进垃圾箱即可。小雨选择吃泡面，就是因为泡面具备这些特点。但是许多人也建议她：“小雨，尽量少吃泡面，多吃一点正餐。”

小雨接受了大家的建议，于是选择了外卖。事实上，外卖也属于快餐服务，许多饭店、餐馆都做外卖生意，外卖甚至比店内销售业绩还要好。由此可见，外卖极具商业市场。除此之外，小雨选择使用一些其他的快捷商品，比如手机的快速充电器。她说：“如果能够在一个小时内充满电，将会解决许多麻烦。许多白领都需要‘充电五分钟，通话两小时’的手机和手机充电装置。”

因为生活节奏快，小雨才选择了方便快捷的产品。在中国，像小雨这样的消费者有几亿人，因此这些产品有几亿人的消费市场。如果一个企业能够提供质量好、品质佳、方便快捷的产品，就有可能打开市场，并且从市场中盈利。

方便快捷不代表质量不高，就像滴滴出行的出现，解决了许多高峰期出行的人们打车难的问题。如今，许多人都在使用滴滴出行。只要下载滴滴出行 App，或者进入微信中的滴滴出行程序，就可以进行定位、打车，非常方便。另外，一些公司提供便捷式服务，也能够创造不错的效益。

山东有一家便民服务公司，该公司在某城市的多个居民小区设置便民服务网点，服务内容就是代购和送货上门。许多年轻人没有时间逛超市，就可以线上选择便民服务公司的商品，只要选购满 20 元，服务网点就提供送货上门服务，而且该便民服务公司提供 24 小时服务。

有一个年轻女孩，经常在该公司购买桶装水，桶装水的品牌有多种，同时对应着多种价格。通常来讲，这个女孩购买 15 元一桶的桶装水，如果要求送货上门，需要支付 3 元一桶的服务费。只要女孩一个电话，便民服务网点就提供送货服务，而且是货到付款。

如今，这家便民服务公司发展得非常迅速，不仅有自己的超市网点，还成立了家政服务部，向广大客户提供家政服务。许多人春节前拨打服务热线预约家政服务。

如果一家企业能够形成自己的品牌，产品有了口碑，就会形成连锁效应。当然，方便又快捷的产品主要还是集中于“快消品”行业和服务行业。

中国饮食文化博大精深，中国的“粥文化”有几千年的历史。许多人虽然喜欢喝粥，但是不喜欢熬粥。熬粥非常消耗时间，短则半个小时，长则几个小时。对于上班族而言，自己花时间去熬粥，不太现实。因此，市场上出现了大量的八宝粥、快餐粥等产品，有一些名牌产品不仅销量高，而且形成了品牌连锁效应。

有一家食品公司发现了这个商机，于是开发了一系列燕麦粥产品。该产品定位于中端消费市场，公司选用优质燕麦，然后搭配肉粒、脱水蔬菜、牛奶等配料，生产了肉粒燕麦粥、蔬菜燕麦粥、牛奶燕麦粥系列产品。许多年轻人喜欢早晨喝一碗燕麦粥，而且该品牌的燕麦粥还有一个加温装置，消费者只要拉开加温装置等待三分钟，就可以将燕麦粥加温至55℃，非常方便、快捷。燕麦粥本身富含营养，商家也打出了营养早餐粥的旗号，进行了铺天盖地的广告宣传，进入了消费市场。这家公司的老板说：“能够给消费者提供营养型的快餐，就能够让广大消费者摆脱对非营养型快餐的依赖，增加一个可靠的选择项。”如今，该公司生产的燕麦粥系列产品已经销往世界各地。

除了实体产品市场之外，金融市场也在引入快捷、方便的服务项目。许多商业银行推出的手机银行服务就是如此，客户只要下载网上银行 App 至移动客户端，就可以进行线上业务的办理。网上银行以及相关金融产品具备这样几个特点：第一，简单方便，只要下载并安装 App 就可以使用；第二，安全可靠，网上银行同样采取了互联网加密技术，可以将业务办理风险降到最低；第三，互动性强，网上银行可以提供一对一服务，且不需要叫号排队。总之，畅销品具有方便快捷的特点。如果企业能够打造出这样一款产品，极有可能将其运作成市场爆品。

4. 安全放心的产品

前面讲了那么多，还有一个畅销产品的关键属性没有提及：安全放心。如果一个产品是不安全的，消费者就会对其产生一种恐惧心理。一个消费者购买了一款充电器，结果充电器爆炸，消费者受伤住院，住院费用高达数万元。不安全、不合格的产品一经曝光，便不再有消费者去购买了。因此，一个企业想要打造畅销品，必须让该产品安全、让人放心。

一些企业为了降低生产成本，不惜采取违法手段以次充好，引发重大的质量问题，令全国消费者感到气愤。随之而来的就是企业受到严厉的处罚，甚至被勒令关停。而一些有良心的企业，坚持高标准、高规格、严要求，生产出质量好的产品。这样的产品上市之后，将会逐渐获得消费者的认可，慢慢就会形成口碑效应。有一位知名企业的管理者说："产品安全是企业的生命线，产品安全高于一切。"

> 有一个从事婴幼儿鞋袜制品的企业的管理者说道："我们对蹒跚学步的婴幼儿所穿鞋袜的安全负有重大责任，我们不愿将生产线转移到没有相关经验的国家，因为那样会导致潜在的安全问题。"
>
> 孩子都是娇贵的，是父母的宝贝。父母在选择婴幼儿产品时，都是非常慎重的。如果产品质量过硬，卫生安全，就会快速抓住家长的心，并形成销售市场；如果产品质量有问题，甚至存在安全隐患，还有哪一个宝爸宝妈敢用这个产品呢？因此，凯瑟琳·戈尔德强调，儿童袜子的线头不能太松，否则会缠绕脚趾。缠绕脚趾会带来怎样的问题呢？如果一个孩子刚刚学会走路，走路不稳加上袜子开线缠绕脚趾，就会引起安全问题。而产品质量好，不存在袜子脱线等问题，就能够给企业带来稳定、持续的利益。

商人关注产品的质量，消费者更是如此。消费者是产品的直接体验者和使用者，安全的产品让消费者自身的利益不受损害。如今，手机 App 非常多，这些软件有的安全，有的并不安全。

李先生前不久经朋友介绍，安装了一款刷卡软件。但是令他没有想到的是，他的身份信息被盗用，不法分子利用他的身份信息办理银行信用卡进行恶意套现。李先生非常生气，不仅卸载了该软件，并且将软件提供方告上了法庭。后来，这款软件因存在较多风险，被众多手机软件商城下架。李先生说："如果一个产品无法保证客户的切身利益，便是无效的产品。"

什么样的产品是安全的呢？蚂蚁金服的一位负责人表示：安全不等于安全感。也就是说，一个产品只是质量好、安全等级高是不行的，如果无法给消费者带来安全感，它同样是一款"不安全"的产品。因此，企业管理者不仅要提升产品的安全等级，更要将产品的安全感传达给消费者。一家企业如何将产品的安全感传达给消费者呢？

第一，企业应该想办法让客户参与产品质量的监督，让客户去接触产品的生产与销售，让客户体验产品，并且对产品提出改进意见。如果客户全程参与了该产品的设计、生产与质检，就会相信这款产品质量好、安全，并消除内心的不安，接受该产品。

第二，企业要与客户建立信任关系，提供更加专业的咨询服务。有一家企业在营销产品的时候，给客户配置了专业的咨询服务平台，平台向客户提供专业和细心的服务。通过企业专业的解答和耐心的服务，客户了解了该产品，就会逐渐建立起信任关系。双方有了信任，产品的安全感也会在客户的心里建立起来。

第三，营造一种安全氛围，让客户认为产品是安全的。许多互联网公司设计的社交软件，常常提醒客户需要安装什么样的安全软件，或者提醒客户在运行安全软件的前提下进行交易。这种提醒就能够营造出一种安全氛围。还有一些软件在界面上有安全标志等，也能够提醒客户做好安全保护工作。

安全放心的产品是“安全”在前“放心”在后的。如果产品质量过硬，安全等级高，能够给客户带来安全感，就具备畅销的潜质。

5. 定价合理的产品

如果一个企业选择了错误的商品定价战略会怎样呢？很有可能被消费者拒绝，甚至被市场拒绝。

有一家卫浴企业，生产了一款不锈钢水龙头。这款水龙头申请了专利，具备直接过滤自来水的功能。用该企业厂长的话说就是：我们的产品是独一无二的，将给消费者带来独一无二的体验。不难看出，这位厂长信心十足，这款水龙头似乎具备冲击市场的潜力。

不久之后，这款水龙头出现在全国各大营销网点中。这款水龙头的外观设计非常漂亮，甚至可以作为一个装饰品。有一位消费者正在装修房屋，对水龙头有需求，于是询问营销网点的经理："这款水龙头不错，怎么没有看到价格？价格是多少？"

经理说："这款水龙头质量、做工、设计都是一流的，而且有内置的、可拆卸的滤芯，能够有效过滤自来水中的杂质。这款产品是专利产品。如果您购买，一定不会失望。"

这位消费者对水龙头的价格更感兴趣："水龙头就是水龙头，我只想知道它的价格。"

"因为这款水龙头是专利产品，现在市场统一推广价为2999元，如果您购买它，我们会送您两个配套的不锈钢滤芯。"事实上，这款水龙头溢价严重，类似的市场产品通常不超过1000元。听到这个价格，消费者非常震惊，几乎没有停留便转身离开了。

在该网点上架一周，这款水龙头只卖出去一个，全国各网点加起来售出量不足两千个。库存积压，产品卖不出去，厂长着急了。为了快速变现，他开始对产品进行降价促销。降价后的水龙头，价格为1599元一个。但是因为之前的高价策略，企业已经失去了市场，即使降价也没有赢回消费者的心。有一位消费者说："之前卖2999元，现在降价1400元，一个水龙头想要赚多少钱呢？"事实上，这款水龙头的成本并不低，降价后的水龙头价格接近成本价。这家卫浴企业因为这款水龙头而赔了不少钱。

给产品定价是个大学问，只有掌握了正确定价的策略，才能够把产品卖出去。企业可以按照以下定价策略去做。

第一步，对客户进行分类与定位。

众所周知，不同类型的客户对产品价格的敏感度是不同的，而科学的定价策略是从客户出发，而不是从企业出发。企业应该明确这样的定价营销策略：锁定高端客户，利润来自高端客户；锁定中端客户，将其培养成高端客户；关注细分市场。

事实上，选择有溢价能力的行业，才能创造奇迹。企业要以利益为导向，锁定中高端客户。企业想持续成功，就要关注中高端市场，除非你是制造大王，拥有极为庞大的 OEM（原始设备制造商）体系。在市场上，20% 的顾客创造了 80% 的营业额，这就是“二八理论”。不要看生意好不好，要看利润好不好。

第二步，切中客户背后的产品价格原理。

高端客户对价格不敏感，对价值很敏感；低端客户对价格超敏感，对价值不敏感。如果你公司 95% 的客户是低端客户，产品再好也面临倒闭的风险。切低端久了，品牌形象是很难改变的。这就是切低端的代价。不同的客户贡献不同的利润。全世界的企业都在升级，从低端走向高端，抢占高端 20% 顾客的利润。如今，许多手机厂商都在采取“机海战略”，高中低三个档次的手机能够占领高中低三个市场，高端旗舰型手机价格高，能够赚得总利润的 80%，中低端性价比高的手机销量大，能够稳固市场，并引导中低端客户购买中高端手机。通过这种“机海战略”，华为、小米、vivo 等手机厂商取得了非常好的营销成绩。

第三步，对产品进行科学定价。

如果前两步工作落实到位了，定价也就不难了。一般而言，给产品定价有三种主要方式。第一，基于成本定价。如果一个产品的成本是 10 元，那么可以按照简单的利润比率进行加成，这种成本定价法通常可以确保企业不亏本，或者能够给合作伙伴留出合理的利润空间。第二，基于竞争对手去定价。如果一家企业生产了一款市场竞争商品，就需要参考竞争对手的定价策略和产品价格，然后根据自己的市场策略去定价。第三，基于产品价值去定价。如果企业生产了一款极具价值且不可替代的产品，可以根据消费者的接受程度去定价。

产品定价的策略、方法还有很多，企业掌握了科学定价原则，就能够打造出价格合理的畅销产品。

6. 服务周到的产品

我们如何去理解“服务周到”这四个字呢？周到的服务，是一种全方位的服务，它能够给消费者带来更加舒心的体验。服务周到的重点在于“周到”二字，周到就是面面俱到，随叫随到。

某企业生产太阳能热水器，该企业向客户承诺：“只要购买我们的太阳能热水器，我们在五年之内提供免费服务，且 24 小时内解决问题。”实际情况是不是真像这家企业说的那样呢？

陈先生购买了该企业的一台太阳能热水器，使用到第三年的时候，发现太阳能热水器漏水问题严重，便打电话询问维修的情况。该企业相关部门接到电话之后，第二天早晨便安排人员上门维修。维修人员发现有一根太阳能管破碎引起漏水，于是免费给陈先生换了一根新太阳能管，解决了问题。还有几位客户要求企业对太阳能热水器进行故障排除，这家企业均能够在24小时内做出反馈，并帮助客户解决问题。

提供良好的售后服务是服务周到的一种体现。企业如何体现出服务周到呢？

有一家管理咨询公司输出管理类产品，如管理思维、培训课程、战略设计方案等。这家公司在业内非常有影响力，并且每年都在高速扩展。这家公司是如何与客户进行合作的呢？

该公司正在服务一家世界五百强公司，并为世界五百强公司量身打造了一套企业培训课程。该课程非常详细、全面，分为五个阶段，一年之内完成。首先，该公司在设计培训课程之前，对客户进行了深入了解，并通过现场调查和统计，挖掘设计培训课程的点，以点带面形成综合型的课程。其次，该公司充分尊重客户的时间安排，并且在合理的时间安排培训。这样一来，学员的日常工作安排不受影响，还能够学到知识。最后，该公司安排辅导老师对学员进行跟踪辅导，学员有什么问题可以随时询问辅导老师，辅导老师将会快速提供正确的答案或者给予科学引导。该公司的一位负责人说：“跟踪服务是一种终极服务方式，给客户提供‘保姆’，就是我们公司提供的一种保障性‘产品’。”通过这种方式，该公司与客户建立起战略互信关系，合作也在进一步升级。

除此之外，这家管理咨询公司能够做到随叫随到。有一次，客户急需制作一份会议PPT（演示文稿）课件，而临时找不到合适的人员，便致电这家管理咨询公司。两个小时后，这家管理咨询公司便派出一名业务骨干帮助客户解决了这个问题，且这次上门服务是免费的。客户看到了管理咨询公司的真诚，于是又将第二年的培训课程交给了该公司。该公司的创始人说：“客户是‘上帝’，给‘上帝’提供周到的服务是理所当然的。”

周到的服务是细致入微的，服务也是一种产品。什么样的服务是周到的服务呢？

（1）热情的服务。

许多企业提供的服务并不真诚，当客户看到客服人员板着脸时，就会产生抵触情绪。冷冰冰的服务，面无表情的服务，不情愿的服务是服务吗？在笔者看来，这些都不是服务。服务应该是发自内心的，热情的服务是有温度的，能够让客户感到温暖、安全。只有热情的服务才能给客户一种家的感觉。客户感受到了热情，购买欲望就会增强。

（2）主动的服务。

如果说热情的服务能够给客户带来温暖，主动的服务则能够让客户感受到尊重。什么是主动的服务呢？主动的服务主要表现为以下几点。第一，主动打招呼，主动问候客户，主动为客户提供帮助，主动介绍与产品和服务相关的内容。第二，急客户之所急，想客户之所想，把相关工作做到前头，竭尽全力为客户办事。第三，尽到责任，把客户委托的事情落实到位，维护好与客户的良性互动关系。第四，做到“三声”服务，即来有声、走有声、问有回答声。“三声”服务在一些窗口部门已经得到广泛推广。第五，服务要有耐心，不得厌烦客户的提问，只有耐心的服务才能够换来客户的真心。

（3）个性化的服务。

每一个客户都有自己的个性和个性化需求，企业应该根据客户的个性化需求提供有针对性的服务，而这种彰显个性的服务也是一种周到的服务。

马云表示：未来的制造业本质上是服务业，它不是纯制造业，现代服务业才是未来就业的主要驱动力量。阿里巴巴、腾讯、Facebook（脸书）、亚马逊就是真正的现代服务制造企业。事实上，能够提供周到服务的企业，其产品也就能够满足客户的需求，符合商业的本质。

7. 售后服务完美的产品

一个好的产品一定要有好的售后服务。许多人认为：产品卖出去了，销售工作就结束了。其实不然。产品卖出去了，企业依旧要为卖出去的产品负责，直到该产品结束使用寿命。还有人认为，产品的售后服务才是营销的开始。为了让客户更加满意，企业需要用高品质的服务来提升客户对产品以及企业的印象。如果产品坏了，售后工作不到位，客户就会产生失望情绪，就会抛弃该产品。产品失去了客户的支持，也就失去了商业市场。

提到售后服务，就不得不提海尔。有人说："售后服务看海尔，产品质量看格力。"海尔从一家名不见经传的小企业成长为白色家电巨无霸，走的就是一条完美售后服务的战略路线。

海尔的售后服务有三部分，即家电保养服务、家电延保服务、移机服务。家电保养服务是收费服务，收费标准从几十元到几百元不等。许多消费者购买了家电之后，因为不懂得保养，家电的使用寿命会缩短。因此，海尔提供了这样一项服务——定期清洗保养，最大限度保证客户的家电不"坏"，让客户使用的家电安全、省电、健康、环保。清洗后，内胆清洁干净，衣服清洗效果好、无污物，延长洗衣机使用寿命。清洗后，冷藏、冷冻室具有自然清香，节约能源，延长冰箱的使用寿命。清洗后，室内的空气清新，有益于人体的健康，增强抽油烟机的吸力，延长机器使用寿命。该项服务推出之后，有许多客户花钱购买海尔提供的家电保养服务。通过这项服务，客户保养了家电，延长了家电的使用寿命；海尔收获了客户的信任和好评，并且从中获利。

家电延保服务同样是售后服务的一种。许多消费者担心：电视机超出保修期之后坏了该怎么办？消费者有这样的担心是非常正常的。一方面，产品出保之后，维修费用需要自己负责；另一方面，出保之后的维修费用非常高。海尔提供了家电延保服务。只要交一部分续保费用，就可以延长产品的保修期，并且享受保修期内的免费服务。

移机服务又是怎么一回事呢？每个家庭经历搬家的时候，最头疼怎么搬家电。找搬家公司？怕工人没有专业的家电移机处理知识，万一弄坏了谁来负责任？另外，有的搬家公司没有明确的收费标准，消费者担心工人漫天要价。以空调为例，无论是空调刚刚购买后安装，还是空调移机，都需要专业人员进行操作，而且，安装质量有时候会直接影响到空调的使用效果。尤其是在空调移机的过程中，由于空调使用时间长，很多零部件可能已经老化，稍不注意就会损坏。海尔移机服务包括“专业规范的服务人员保障 + 拆机、运输、安装一条龙服务 + 原厂配件供应”。如果消费者需要搬家，可以致电海尔售后人员，选择“标准收费”的移机服务。

通过以上三部分，海尔将售后服务落实到位。海尔创始人张瑞敏表示，没有十全十美的产品，但有百分之百的服务。海尔产品的畅销离不开良好的售后服务。

售后服务到底有哪些价值呢？企业为什么一定要做好售后工作

呢？有人说："一家聪明的企业想要不停地挖掘老客户的潜能，就要给他们提供售后服务。"是啊，许多企业通过售后服务维护客户关系，提升客户的忠诚度。客户满意了，就会继续购买该企业的产品。产品售后服务的价值主要体现在以下三个方面。

（1）提高客户的忠诚度。

通常来讲，客户都是不忠诚的，他们遇到一个质量更好、性价比更高的产品时，就会动心，并产生购买欲。如果一家企业不懂得做售后服务工作，一旦产品出了问题，客户就会变心。企业可以通过售后服务加强与客户的情感联系，提高客户的体验感和安全感。另外，有数据表明，完善的售后服务可以降低客户流失率，每减少5%的客户流失率，企业利润就提高25%。

（2）降低营销成本。

售后服务是营销的开始。许多企业通过售后服务挖掘客户的内在需求，并且制造出成交机会。有一位企业客服经理说："企业通过售后服务营销，能够将25%的新客户变成老客户。"售后服务的成本比营销成本低很多，因此，作为营销手段的售后服务可以降低企业的营销成本，扩大产品的利润空间。

（3）增强产品的核心竞争力。

当今市场是一个各商家竞争激烈的市场，如手机市场，苹果、华为、小米等制造商都有自己的高品质的旗舰手机。想要保住自己的优势，就需要提高产品的售后服务质量。售后服务与产品和品牌的核心竞争力直接挂钩。如果一个企业能够真正关心客户，就能够得到客户的正面回馈。

除此之外，企业可以通过售后服务了解客户的其他需求和意见，从而提高市场灵敏度。一个畅销产品一定有好的售后服务做保障，企业需要提高售后服务的质量，建立完善的售后服务体系。

第八章
打造有效的商业模式

1. 商业模式之时间模式

真正会做生意的人，是那些“售卖时间”的人。俗话说：“时间就是金钱。”如果一个产品能够帮助客户节省时间，也就帮助客户赚到了钱。与此同时，企业能从中赚一笔。另外，哪一家企业能够抢到“时间”，就能够变成“第一个吃螃蟹”的企业。

一家科技企业的董事长何某是一个非常懂得时间重要性的人。他对时间与金钱的关系有着自己的理解，并且将自己的理念渗入企业的管理模式中。三年前，这家企业决定研发一款科技产品，该科技产品具有非常好的市场前景。何某说：“这个产品虽然好，但是还有三家企业也在研发类似的产品。如果它们跑在我们的前面，率先将产品推广上市，就会对后面的企业产生较大的冲击。”抢时间就是抢市场，谁的产品率先上市，谁就能够抢到市场先机。

何某亲自带领科技攻关团队进行产品的研发和攻关。功夫不负有心人，几个月后，何某的企业正式推出了这款产品。因为何某的新产品是市场首发产品，而那三家企业的产品还没有推广上市。跑赢了时间，何某也独享了市场份额，拿到价值3亿元的合作订单。跑赢时间的何某不仅赚了这一笔钱，后续的产品也都提前上市了。

对于快递行业而言，谁的运输时间短，谁就更能够赢得客户的信任。有人说："客户都是急性子，他们希望自己的邮件下单后，马上飞到目的地。"但是还有许多快递公司没有意识到"时间就是金钱"，为了控制成本，忽略了时间的重要性。有一家物流公司就吃了时间的亏。

有一家物流公司，早年做家具物流，后来扩大运输规模，开展其他产品的物流运输业务。随着业务范围和规模的扩大，该物流公司发展得非常顺利，甚至有"建设最大物流公司"的壮志雄心。

按照业内的相关标准，物流邮件有其收费标准。许多物流公司达成了共识，通常采取较为统一的标准进行收费，运输的时间也相差无几。物流公司之间的竞争，更多的是拼服务质量和业务能力。有一年，汽油、柴油价格上涨，汽车物流运输成本增加，许多物流企业准备"加价"。运费调价是非常常见的一件事，对于消费者而言，如果增加一元而运输的时间没有变，消费者能够理解物流公司因油价上涨而微调价格的行为。但是这家物流公司没有涨价，而是维持了原价。

按理说，不涨价是一件好事。但是这家物流公司不涨价的秘密是：延长了运输时间。原本只需要一天，现在需要两天。后来，许多客户纷纷打电话询问："为什么时间延长了？"这家物流公司给出的解释是：运费没有涨，就只能适当延长时间了，要不然会亏本。但是这些客户根本不买该物流公司的账，他们是追求高效的人，对时间非常敏感。短短一个月内，该物流公司丢掉了五分之一的固定客户，损失惨重。

无奈之下，该物流公司也开始效仿业内同行上调价格，恢复正常的物流运输速度。但是丢掉的客户永远丢掉了，这样的损失永远无法弥补，该物流公司因错误的商业理念损失惨重。

哲学家培根表示：如果说金钱是商品的价值尺度，那么时间就是效率的价值尺度。因此办事缺乏效率者，必将付出高昂代价。时间意味着效率，如果一个人能够在单位时间内完成更多的工作，就能提升自己的价值。如今，许多企业管理者也将时间与效率的相关理念传递给企业员工，让员工提升自己的效率。

提升工作效率有怎样的好处呢？某加工企业的管理者说："我们企业员工的薪水与单位时间计件的产品数息息相关。如果一名员工能够在一个小时内完成 20 件产品的加工，就可以拿到 10 元的计件工资，如果一名员工可以在一个小时内完成 30 件产品，就可以拿到 15 元的计件工资。以每天工作 8 小时计算，一名技术熟练、重视效率的员工一天可以多赚 40 元，一个月就可以多赚 1000 元（按照一个月 25 个工作日计算）。"在计件条件下，员工同样重视时间。单位时间内完成的工作越多，自己的绩效成绩也就越好，拿到的工资也就越多。企业也能够从每一名高效的员工身上赚到倍增的价值。员工与企业是合作伙伴关系，员工提升效率，一方面自己赚到了钱，另一方面为企业做出了贡献。总之，节省时间、懂得利用时间的企业管理者才能够掌握财富智慧。

大作家巴尔扎克认为：时间是人的财富、全部财富，正如时间是国家的财富一样，因为任何财富都是时间与行动化合之后的成果。

2. 商业模式之代理模式

商业模式的种类有很多，代理模式是极常见的一种。代理模式是一种十分传统的商业模式，也是快速有效的商业模式。许多企业都有自己的代理商，而且它们将代理商进行分级，如一级代理商、二级代理商、三级代理商，代理商的营销数量越大，代理等级越高，享受的产品价格也就越低；还有一些企业按照地域招收代理商，如山东省总代理商，济南市代理商，历下区代理商等。通常来讲，代理商都有自己的分销渠道，区域代理商可以将产品铺货至各个商场、超市，以零售的方式进行售卖。代理模式是一种层层分级的模式，对于代理商和企业而言，它的好处有很多。

（1）代理商选择代理模式的好处。

企业的代理商通常有以下五大好处。

第一，代理商无须投资生产加工链，只要从企业手里拿货即可，而企业稳定的货源是确保代理商利益的基础。因此，代理商不需要承担产品的设计与生产费用，可以节省成本。

第二，代理商与代理商之间存在密切的往来关系。许多代理商可以结成联盟，然后用合作的方式营销，形成一种相互借势的营销场景。另外，代理商联盟可以与企业进行谈判，降低产品的采购价格。

第三，代理商可以拿到企业提供的各种资源，如产品资源、品牌资源、社会资源等。能够拿到优质资源，就能够快速发展自己。许多小代理商能够发展成大代理商，就是借助各种资源发展自我的结果。

第四，代理模式是一种低风险的经营模式。如今，许多企业都有自己的代理策略。有一家家具厂，当代理商长期无法销售某款家具时，家具厂就会免费为其更换新产品。另外，一些代理商可以免费申请当代理商，让企业为其免费铺货，无疑更加降低了经营风险。

第五，当一个代理商想要退出市场的时候，退出的门槛是非常低的。通常来讲，代理商只需要将代理的产品退回企业，就能够解除代理关系。

（2）企业选择代理模式的好处。

对于企业而言，发展代理模式也是一种节省资源的行为。直销模式在海内外发展多年，最后也没有逃出“分级营销”的框架。代理模式对于企业而言，又有哪些好处呢？

企业招纳代理商如同微商招收个人代理一样，是一种快速布局商业市场的方式，因此企业可以快速打开市场。通常来讲，企业选择代理模式有以下四大好处。

第一，企业是产品的生产源头，研发、设计、生产等相关技术都掌握在自己的手里，能够形成一种产品的品牌思维。企业发展代理商，如同寻找品牌思维的传递者。有一位企业家说："企业是大脑，代理商就是企业控制的手脚。"换句话说，企业能够对代理商形成控制力，并通过相关的合作模式让代理商按照合作规矩去营销产品。

第二，企业选择代理商也有自己的方式和考察方法，只有符合代理条件的代理商才能够代理企业的产品和服务。也就是说，企业可以设置代理门槛，对代理商进行筛选，从而将代理模式的经营风险降至最低。还有一些企业会对代理商进行全方位的包装，统一品牌形象，把代理商发展成企业品牌形象的一部分。如此一来，企业能够获得更多的品牌展示资源。

第三，企业可通过生产高质量的产品，借助代理商，提升产品的品牌认知度和终端客户的忠诚度。如今，许多国内知名家电品牌与苏宁、国美等家电分销卖场合作，双方都能够从中得到实惠。代理商与企业强强联合，双方合作共赢。

第四，如今，许多企业不再坚持免费铺货的方式，而是采取一种交纳"代理门槛费"的方式进行招募。如此一来，企业不仅设置了代理门槛，而且能够降低经营风险，回流一部分现金。

如今，许多企业会鼓励并以实际行动帮助代理商。如果代理商得到快速成长，企业就会从中获益。

3. 商业模式之合伙模式

招纳代理伙伴，也是一种合伙，但是这种合伙依旧是以代理分销为基础的，本质上不属于合伙模式。什么是真正的合伙模式呢？在企业中，企业老板可以把员工当作自己的合伙人；在企业外，企业老板可以把客户当作自己的合伙人；在共同面对某一市场时，企业老板甚至可以与竞争对手进行合作，形成一种合伙模式；企业进行跨界，也可以形成一种跨界合伙的模式。由此可见，合伙模式是一种复合模式，并不是单一类型的商业模式。

（1）合伙人模式。

在企业内部，企业老板应该与员工达成合作上的一致，利用股权激励等方式把员工发展成自己的合作伙伴。阿里巴巴应用的是典型的合伙人模式。合伙人模式与股东制不同，它通常根据企业的分权原则进行分权，权力针对与公司战略有关的重要事项。另外，合伙人充分享有自己的一票，既可以一票肯定，也可以一票否决。这种合伙人模式是非常具有激励作用的。如果企业管理者能够把员工当作自己的合伙人，员工将真正尊重获得和享有权力。

“尊重”意味着什么呢？人人都有尊重需求。尊重需求是一种高级需求，或者说精神需求。如果企业管理者肯定员工，鼓励员工，把员工当作合伙人，员工就会感受到尊重，并表现出强大的能动性。

合伙人模式并不会增加决策风险和决策成本，反而会形成一种集体智慧，而集体智慧往往比一个人独断专行要更加科学务实。合伙人模式能够体现出四个特点：第一，这种模式并不是一种分配模式，而是一种健康的、可持续性的、具备激励特点的模式，人人享受权利，且人人能够发挥自己的作用；第二，权利和义务是捆绑在一起的，因此合伙人有义务把企业组织当成自己的家，把岗位工作落实到位，保持命令与执行的统一；第三，合伙人模式是一种“门槛”模式，并不是所有的员工都能够成为老板的合伙人，只有“志同道合”的骨干分子才能够成为老板的合伙人，合伙人本身就具备一种合作精神；第四，合伙人的“进退”没有限制，进退自由。如今，阿里巴巴成了世界知名的互联网公司。由此可见，愿意合伙的老板会赚钱。

（2）“增量分红”模式。

有一家著名的商超采取了这样一种“增量分红”的模式，这种模式与传统的绩效考核模式不同。传统的绩效考核模式是“员工收入＝基本工资＋奖金＋绩效＋福利”，绩效是提前设定的，属于浮动范畴。但是“增量分红”模式更具激励的意义，它等同于老板将企业的利润以“增量分红”的方式发给员工，这种“增量分红”模式同样是一种合伙人模式。这家商超是怎么做的呢？商超的老板将存量利润的20%奖励给员工，存量利润仅仅是绩效奖励或者普通奖励的一部分，不属于分红，分红的部分是增量利润。商超的老板将增量利润的50%拿出来进行奖励。

在笔者看来，这个老板非常大方，真正把自己的员工当成了合作伙伴。员工拿到了“增量分红”，也把自己当成了商超的老板之一。员工的收入大幅度提高，工作积极性和推广商超产品的力度都有了空前的提升。通过这种方式，这位商超老板每年多赚了几亿元，员工的年收入增加了31%，商超的离职率也从原来的5.3%降到了3.1%。采取“增量分红”模式的老板无疑是成功的，老板赚了大头，员工赚了小头。

(3)“实股注册模式”。

这种模式在华为集团取得了非常好的运营效果。选择“实股注册模式”的企业与自己的高层管理者达成合伙人协议，然后共同合作开展业务。

有一家企业老板将自己的母公司当成“孵化器”，然后与企业内部的高管进行投资合作。其中一名高管有一项科技专利，于是向企业老板申请合伙。双方的合伙方式是这样的：企业老板拿出51%的资金股份，合伙人自筹21%的资金股份，剩余28%的股份是合伙人的技术股。通过这种合作方式，一个新公司成立了。新公司运营了三年时间，不仅赚到了钱，而且越做越大。新公司又采用这种“孵化”的方式激励基层员工和高管与企业进行合作，形成一种连锁效应。凭借“实股注册模式”，这家企业在短短七年时间内实现了上市。

美国教育之父韦伯斯特表示：人们在一起可以做出单独一个人所不能做出的事业；“智慧 + 双手 + 力量”结合在一起，几乎是万能的。合伙模式是一种“1 +1 >2”的模式，也是一种能够调动全体人员积极性的商业模式。一个人的力量是有限的，多个人合伙就能够形成合力。

4. 商业模式之平台模式

互联网时代需要一种平台思维。什么是平台思维呢？平台思维就是按照平台化的模式去打造一种商业模型，企业只负责最有价值、最核心的部分，而将不擅长的部分外包给其他合作伙伴。一家科技企业只做科技内容输出，而产品部分则由一家大型企业进行代工，产品营销则由某个渠道商负责。通过这种方式，这家科技企业用极小的成本撬动了大蛋糕。与此同时，负责代工的企业和负责营销的渠道商也赚到了钱。

平台模式是一种开放、共享、共赢的模式。现在利用平台模式赚到钱的企业和人非常多。淘宝模式就是一种平台模式。淘宝是阿里巴巴旗下的购物网站，该网站有百万家商户入驻，既有个人客户，也有企业客户。淘宝并不去直接经营产品，淘宝的优势是技术，它几乎将技术发挥到了极致，然后邀请全国各地的商家一起来淘宝做生意。换句话说，淘宝就是提供平台的，全国各地的商家为淘宝带来了资源和资金。与此同时，用户在淘宝上购买商品，淘宝提供了安全交易的“中间保障”，这让商家和用户都能够得到好处。有人问：“淘宝得到什么好处了？”许多商家为了提升自己的竞争力和宣传力，需要花钱购买淘宝的服务项目。通过这种方式，淘宝用技术赚到了钱，商家借助淘宝的平台将产品卖给消费者也赚到了钱，消费者购买到了高性价比的产品，满足了自己的需求。

滴滴出行只是一个软件，或者只是一个平台，它的旗下并没有一辆出租车，也没有一名客户。李彦宏表示，在移动互联网时代，一家公司单纯依靠自身技术来开发产品的模式慢慢落伍了，只有以服务的心态将技术、服务都平台化、接口化，让合作伙伴可以平等便捷地接入，才能实现共赢的局面。事实上，滴滴出行就是做了一个平台和接口，将私家车的拥有者和消费者进行了连接。消费者有打车的需求，而许多私家车的拥有者也希望变成网约车司机并从中赚一点儿油钱。

消费者使用滴滴出行软件就可以打车，成功注册的私家车拥有者就会变成一名网约车司机。消费者打车时上传打车订单，网约车司机从软件上领单，这样一桩生意就算促成了。有人问：“滴滴出行从中赚到钱了吗？”滴滴出行赚到的钱是服务中介费，也就是说，网约车司机每天赚到的都是滴滴出行扣除过服务中介费的打车钱。滴滴出行提供的是平台和服务，网约车司机通过平台赚了打车人的钱。

李彦宏表示：管理的本质不是一个人实现一个理想，更多是跟一群志同道合的人一起实现一个理想。平台思维就是一种共享思维，打造一个平台，然后用平台吸引志同道合的合作者一起去赚钱。

山东的一位老板，曾经开过餐馆，后来在某企业园区租赁了一座楼，将其改成了餐厅。事实上，他并不是餐厅的直接经营者，而是把餐厅分成了若干份，再吸引不同的商家加盟进来。第一期，有三十三家餐饮企业入驻，每一家餐饮企业都有一个档口，因此也就有三十三个餐饮档口。园区的消费者很多，一到吃饭的时间，这个餐厅就坐满了人。三十三个档口的生意都非常好，服务质量也很高。这位老板非常重视环境卫生，聘用了大量清洁人员进行卫生清洁工作。这位老板说："这些客户都是我邀请来的，我没有收过一分钱的租金。"

不收租金该怎么赚钱呢？假如一位消费者花 12 元购买了一碗兰州拉面，这位老板将会从中扣除 2 元入场经营费。这种扣费模式，许多商家都能够接受，毕竟餐饮行业是一个高利润的行业，即使被老板扣除了入场经营费，他们还是可以获得一笔非常可观的收入的。这位老板为什么选择这样的经营模式呢？他为什么没有亲自去经营呢？他说："经营餐馆非常辛苦，我有过经营餐馆的经历，不想继续辛苦工作了。其实，我完全可以开这样一家餐馆，我提供地方，厨师承包厨房和餐厅，他向我交纳一部分入场经营费，自主经营权是他的。"

这就是一种典型的平台思维，老板提供了一个平台，而平台管理是他擅长的。他不擅长或者不想去触碰的是餐饮的具体内容，于是他将这一部分整体转让给擅长的或者想要去触碰的人或企业去做。

在这个平台上，大家是一个整体，合作伙伴赚到了钱，平台的提供者也赚到了钱。消费者进入这个平台，挑选的空间会更大。因此，消费者、平台的提供者、加盟商，三者都是开心的。

平台模式能够让一个企业减少经营投入，而且能够快速吸收更多的资源来发展壮大自己。另外，平台模式可以将优势资源整合到一起，让这些资源进行商业裂变。

5. 商业模式之资格模式

许多企业凭借设置“资格门槛”的商业模式取得了成功，这种资格模式也是一种成功的商业模式。有人问：“不是所有的企业都在取消资格和门槛吗？为什么在这里提到‘资格’？”事实上，企业设置“资格门槛”是有意义的，它能够将产品的价值传递给消费者，让消费者感受到不一样的东西。

一场国家级别的足球比赛，无论精彩与否，肯定是有球迷选择观看的。举办方为了答谢球迷的支持，取消了收费门票制，任何球迷都可以凭借身份证件去指定地点免费领取门票。举办方一共发行了 3 万张门票，但是门票并没有完全送出去，竟然还剩下 11000 余张。举办方高呼不可思议：“难道免费观看，球迷还不买账？”有一个非球迷领了一张门票，然后送给了自己的朋友。他的朋友一听门票是不花钱的，随手扔掉了，然后说：

“这样的免费比赛一定不好看，去了也是浪费时间，还不如在家里看电视。”

比赛开始之后，到现场观看赛事的球迷寥寥无几。但是这场足球比赛的水平还是很高的，足球运动员有很高的技战术素养，对抗十分激烈，为现场球迷奉献了一场好看的比赛。赛后，一位球迷说：“真没想到这场比赛如此之好，早知道的话，我多领几张门票送给朋友了。”为什么人们对没有门槛的东西不感兴趣？难道设置门槛才能够提起人们的兴趣吗？

与这场足球赛事不同的是，另一个举办方正在炒作一个“神秘嘉宾”的演唱会，并用巨幅海报进行宣传。当然，这个演唱会是销售门票的，门票分为三个档次：300 元、800 元、2000 元。其实，这样的门票价格并不低，而且歌迷们并不知道“神秘嘉宾”到底是谁。门票发行了 3 万张，出人意料的是，三天之内所有的门票售罄了。

周末，演唱会开始之前，举办方在举办地的门口售卖现场互动用品和“神秘嘉宾”的面具，许多人花钱购买，并带入现场。歌迷们发现，实际上到场的人远远超过 3 万人。此时举办方发话了：“应歌迷们的要求，举办方临时增发了 7000 张门票。”也就是说，演唱会一共卖出去 37000 张门票，举办方简直发了大财。“神秘嘉宾”唱歌至结束时，才揭下自己的神秘面纱，歌迷们才知道她是本国非常优秀的一名歌手。免费足球赛不但没有赚到钱，球迷还不买账；收费演唱会狂赚一笔，而且得到了歌迷的支持。

有一位商业界的专家给出这样的解读：没有门槛的东西不会被消费者重视；设置了门槛的东西往往能够让消费者获得优势心理。难道免费的、没有门槛的东西都不好吗？收费的、有门槛的东西都是好的？我们无法完全猜透消费者的心思，但是消费者更愿意掏钱购买“资格”，而这个“资格”就是企业设置的门槛。

一家汽车美容连锁公司，推出了这样一个“资格模式”。公司老板说：“我们公司只为车辆价格超过30万元的中高档轿车的拥有者提供服务。”言外之意是，如果你有一辆价值不到30万元的轿车，这家公司是不为你提供服务的。

有人说：“这家汽车美容连锁公司的老板脑袋一定坏了，不然怎么能想出这样的办法？”事实上，这家公司拥有大量的高端客户。有一名消费者说：“我觉得，高档车就应该去高端的汽车美容公司美容，就像什么消费层次的人去对应的消费场所消费一样。”汽车美容连锁公司的老板非常理解消费者的这种心理。

门槛在这里起到了怎样的作用呢？第一，门槛或资格虽然过滤掉了一群消费者，但是表达了对门槛或资格之内的消费者的重视。如果一个企业的代表告诉你：“您是我们服务的VIP（贵宾），而其他人不是。”你会怎么想呢？大多数消费者会认为：自己跟其他人不一样，在这里，自己是独特的。设置门槛和资格，让消费者拥有了一种“优势心理”，这种“优势心理”能够满足其尊重需求和自我实现需求，因此，消费者会选择这种门槛式的消费。第二，门槛的设置让消费者更加珍惜产品或者相关服务。有一位消费者说：“这个门槛是我花钱购买的，不是企业免费送的，花了钱的东西肯定是要珍惜的。”是啊，花了钱的东西与免费的东西还是有“差异”的，这种差异体现在消费者的心理。

资格是什么呢？资格就是一种门槛，而门槛就是一种分界线。用某企业管理者的话说：许多企业对消费者进行分类，消费者也会对产品进行分类。如果企业选定了某个区域的消费者，就应该把他们单独框出来，给予他们相关资格。可见，这种资格模式同样是一种非常好的盈利模式。

6. 商业模式之入场模式

前文讲到的资格模式与入场模式有相似之处，不同之处在于，入场模式是一个综合模式，它既包含了入场费，又包含了过路费、停车费和管理费。

国内有一家知名的火锅连锁企业，这家火锅连锁企业在短短几年时间内实现了从一家店到几百家店的裂变。这家火锅连锁企业是如何做的呢？起初，这只是一家名不见经传的川味火锅店，但是老板非常会做生意，不仅食材新鲜正宗，而且火锅底料都是自己炒制的，有独家配方。由于诚信经营，这家店的生意越来越好，于是有人咨询："如何才能够加盟这家火锅店?"这时，火锅店的老板想到了一个模式：加盟。

什么是加盟呢？加盟就是该企业组织，或者说加盟连锁总公司与加盟店二者之间的持续契约关系。根据契约，企业组织或总公司必须提供商业特权，并加上人员培训、组织结构、经营管理、商品供销等方面的协助。而加盟店也须付出相对的报偿。一个人想要加盟火锅店，就需要交纳一定的加盟费，交了加盟费，签订了合作协议，火锅店就需要按照合同内容对加盟方进行"内容"输出。这家火锅店的加盟费是50万元。加盟方交纳50万元的加盟费，就可以按照相关标准进行挂牌营业了。

许多人看到了这家火锅店的红火生意，于是主动交纳50万元加盟费，正式成为加盟商。加盟费就是我们前面提到的入场费，加盟商花50万元购买了一个加盟资格。通过这个方式，这家火锅店在短短的几年时间内获得了上亿元的加盟费，并借助这一笔资金进一步扩大规模。

除了收取加盟费之外，该火锅连锁企业有一个规定：凡是加盟商都必须购买该火锅连锁企业的食材，食材、底料等均由该火锅连锁企业集中供应。为了确保口味、品质的稳定，加盟商认可了这种"配送方式"。因此，该火锅连锁企业建立了自己的原料加工中心和物流中心，为全国数百家加盟商供货。事实上，供货会收取过路费。这家火锅连锁企业的老板说："这种连锁模式，能够让加盟商或合作伙伴受益，而且能够减轻它们的工作量，它们只需要按照标准流程进行工作部署即可。”

后来，这家火锅连锁企业又与许多大型商场进行合作，以“直营店”的形式入驻商场，吸引商场的消费者。如今，这家火锅连锁企业年营业额超过10亿元，是名副其实的餐饮界巨头。

入场模式的玩法非常多。在国内，最为常见的入场模式就是大型商超设置的入场模式。供应商或生产商为使自己的产品进入零售商的销售区域并陈列在货架上，而事先一次性支付给零售商的费用，称为入场费。商超为什么能够征收入场费呢？第一，商超通常为一个区域内的商业综合体，是该区域的消费者常去的地方。因此，商超能够聚集大量人气，形成浓厚的商业氛围。第二，商超通常能够提供丰富的资源，如仓库、货架、促销员、展区等，而这些资源是许多商家急需的。第三，知名的商超本身就有“品牌加成”，而入驻知名商超的商家也会得到“品牌加成”。有人问：“是不是商超只收取入场费这一种费用呢？”显然不是。商超为入场企业提供相关的管理方案，甚至提供管理、营销人员。如果商超帮助入场企业进行管理，还需要收取一定比例的管理费，管理费就是我们讲到的停车费。

如今，我国的商超在购物网站的冲击下，遇到了经营拐点，想要突出重围，就需要重新设计经营模式。许多大型商超开始将琳琅满目的商品搬到线上，消费者可以在线上选择，然后下单，商超联系配货方实现当日送货上门。

入场费的类型有很多，只要企业的平台足够吸引人，IP 流量足够大，就能够吸引广大的合作伙伴进场。有一位从事园区开发的老板，以“免费”的形式吸引合作伙伴入驻。入驻一年，园区形成浓厚的商业氛围之后，园区老板就可以收取入场费和停车费了。通过这种方式，这位老板获得了金钱和人脉，并且在五年内又开发了两个园区，均取得了巨大的成功。由此可见，入场模式并不是一种落后的商业模式。只要企业能够更新观念，就能够打造出属于自己的入场模式。

7. 商业模式之流量模式

信息时代，流量就是金钱。流量越大，流量创造的价值也就越大。许多企业都在创建属于自己的流量模式，流量等同于关注企业的消费者数量。当今时代是一个自媒体时代，因此也就有了自媒体人这种职业，许多年轻人摇身一变成了自媒体人。一个人如果能够玩转自媒体，就能够把流量变成金钱。

有一个年轻人吴某，名校毕业。毕业之后，他在外企工作了三年。后来开始流行自媒体，吴某选择了辞职，投身于自媒体行业。吴某懂得设计，而且小说、社评、散文等都可以写。于是，他申请了一个公众号，在自己的公众号里写评论性的文字。起初，关注他公众号的人并不多，每篇文章的点击量只有几百次，打赏的读者也非常少。但是吴某非常懂得推销，他借助各种网络工具向读者宣传自己的公众号。

半年之后，吴某的公众号已经有两万名“粉丝”了，每一篇文章的点击量可以突破五千次。此时，吴某开通了广告流量，仅仅广告流量收入每天也有一百多元。当然，这还不算成功。吴某是个聪明人，他在自己的公众号上开设了一个“培训课程”专栏，邀请业内名师进行“微课”培训。此时，吴某的公众号的阅读量开始几何倍增长，几乎每一期的阅读量都能超过三万次。就在这时，有一家小家电公司找到吴某，希望与他合作。小家电公司的老板说：“这个平台的流量挺大，如果在这个平台上面进行广告宣传，能够收到非常好的效果。”小家电公司的老板与吴某签订了一份“一年合同”，广告费是六位数。如今，吴某已经是一位月入六位数的自媒体人了，他的自媒体账号也已经成了知名的个人公众平台，“粉丝”超过二十万人。

流量模式的背后是流量思维。许多商业门店的老板都知道，商业门店需要人流量，人流量越大，产生的效益也就越多。引流获客思维就属于流量思维，商业门店的老板们想尽办法去引流，目的在于创造效益。

有一位火锅店老板想到了一套有趣的流量模式。他与一家新啤酒供应商合作开展了一个促销活动，啤酒供应商以极低的价格向火锅店供应啤酒，1 瓶啤酒的价格低于 1 元。低价啤酒就成了该火锅店的“引流利器”。火锅店老板打出广告：只要进火锅店消费满100元，就送啤酒10瓶，消费满200元，就送啤酒20瓶。

食客们看到这个活动后动心了。有一些喜欢喝啤酒且有一定酒量的食客说：“为了免费的啤酒，我也得进去吃一顿。”活动开展了一个星期，火锅店天天爆满，生意好得不得了。有食客问老板：“以后活动还继续吗？”食客的问题反映出了他们的内心需求，老板听后就更加有底气了。他对食客说：“活动继续，后面可能还有更劲爆的活动。”

更劲爆的活动是什么呢？火锅店之后表示：充值500元，送啤酒500瓶，但是啤酒只能在火锅店内饮用，不得带走，活动有效期为一个月。也就是说，食客们需要在一个月内喝完500瓶啤酒。有人好奇：“一个月喝掉500瓶啤酒？这怎么可能？”事实上，如果有公司将聚会地点定在火锅店，可能一个晚上就可以喝掉500瓶啤酒。有一家小公司在这家火锅店聚会，一晚上喝掉了所有的免费啤酒，但是菜钱超过了5000元，细算下来，火锅店老板大赚了一笔。

火锅店老板的这套模式就是流量思维的产物。他不仅塑造了啤酒品牌，而且用会员卡锁定了无数新老会员。后来，食客相互分享，这家火锅店变成了一家网红店。

对于一家企业而言，如何才能够获得这种流量呢？换句话说，如何才能够得到流量呢？企业需要做好以下三件事。

（1）要有耐心。

流量从少到多是一个积累的过程。有一些企业老板经过几次营销活动之后发现产品吸引的消费者数量不够多，就不做活动了。流量模式是一个积少成多的模式，积少成多的过程就是一个耐心沉淀的过程。因此，企业老板要有耐心，不要因为一时效果不佳而放弃整个产品营销活动计划。

（2）产品质量要好。

不管如何，产品的质量就是企业的一切，也是消费者认识企业的渠道。企业以牺牲产品质量来降低成本，或者将一部分生产开支用于流量渠道的搭建，是非常愚蠢的行为。只有好的产品才能够不断地带来流量。

（3）创造“粉丝”。

“粉丝”是什么？“粉丝”就是忠诚度高的顾客。比如“米粉”就是小米科技的“粉丝”，“米粉”们通常使用的是小米科技生产研发的产品；“果粉”就是苹果的忠实客户。创造“粉丝”的方式有很多，有一位企业管理者说：好的产品、优质的服务、良好的互动体验、有意义的价格策略等，都可以吸引消费者，把消费者变成“粉丝”。“粉丝”就是流量，“粉丝”越多，流量越大，产生的价值也就越多，许多自媒体人也是通过提升“粉丝”数量挖掘广告资源的。

流量模式是一种商业模式，它并不像许多管理者所言容易让商家误入歧途。科学的流量模式是一种赚钱模式。许多企业将流量模式与用户模式相结合，打造了效果更好的商业模式。

8. 商业模式之寄生营销模式

商业模式种类有很多，有一种寄生营销模式不得不介绍。什么是寄生呢？就是两种生物一起生活，其中一种给另一种提供养料。前几年非常流行一种营销模式，叫寄生营销模式。寄生营销模式是一种“伏击营销模式”，是一种低成本营销模式。

有人说：“处于寄生关系中的两种事物，一方受益，另一方不是受害吗？”事实上，在商业运营过程中，这种寄生关系有可能让双方都受益，都得到成长。讲到寄生营销模式，我们就不得不提阿迪达斯与耐克的案例。

阿迪达斯和耐克都是世界上极为知名的体育运动品牌，其中阿迪达斯是德国运动品牌，耐克是美国运动品牌。这两家运动品牌也是体育用品市场上的竞争对手，且竞争非常激烈。2002 年韩日世界杯，阿迪达斯是世界杯的官方赞助商，并赞助了其中十支国家队。众所周知，体育用品公司赞助体育赛事是非常好的广告宣传方式，而世界杯这样的体育赛事收视率极高，传播范围极广，阿迪达斯看准了这样的机会，才选择做赞助商。此时，耐克公司也开始赞助球队，它赞助了八支国家队。不难看出，耐克虽然不是世界杯的官方赞助商，但可以赞助其他国家的足球队，而这种方式是科学且合理的。耐克使用的这种营销手段就是一种寄生营销手段。

世界杯一共有三十二支参赛队伍，这两家体育用品公司赞助的就占半数之多。世界杯开始之后，身穿耐克装备的足球队同样发挥出色，耐克的“对号”标志也得到了极高的赞誉和评价。此时有人问：“耐克与阿迪达斯的产品，哪一家的更好呢?”有的人说耐克，有的人说阿迪达斯。不管如何，耐克在比赛上赚足了话题，成功进入众人的视野。与此同时，阿迪达斯赞助的三支球队进入了八强，而耐克赞助的球队也有三支进入了八强，最终的决赛也是在阿迪达斯赞助的德国队与耐克赞助的巴西队之间进行的，最后耐克赞助的巴西队勇夺大力神杯。在这场赞助式的寄生营销案例中，耐克大获全胜，让自己的品牌快速传播至全世界。

与此同时，著名的饮料品牌可口可乐和百事可乐也用这种方式争夺市场。对于消费者而言，谁是真正的官方赞助商并不重要，而是世界杯这样的事件足够吸引大众关注，许多品牌打着官方赞助的旗号在世界杯期间推广自己的产品。可口可乐将自己的品牌语和促销摊摆到了世界杯的活动区域内，许多人认为可口可乐就是官方指定品牌，于是购买可口可乐。百事可乐也采取如出一辙的策略进行营销，且营销数量巨大。从本质上讲，可口可乐与百事可乐都是饮料界的巨头，消费者选择谁都一样。

韩日世界杯期间，耐克在首尔各个区域内开办了“耐克公园”。“耐克公园”是世界杯足球主题公园，人们可以在公园里进行足球娱乐活动。与此同时，耐克还在中国举办3对3足球赛。2002年，中国打进世界杯，而耐克又是中国男足国家队的赞助商，因此耐克打出了这样的广告：获胜方将会获得与中国男足国家队队员零距离接触的机会。活动方案推出之后，报名参加足球赛的少年足球队有很多支，将世界杯的足球氛围推至高潮。世界杯期间，耐克采用的“轰炸式”广告宣传也是一种寄生营销法。作为世界杯的赞助商，阿迪达斯在广告宣传方面甚至还不及耐克，而巴西夺冠，更是让耐克抢尽了风头。可以说，没有拿到官方赞助资格的耐克反而在世界杯期间大赚了一笔。还有许多像耐克一样的体育品牌也赚了不少，比如国内品牌李宁推出了自己的世界杯运动装，而彪马、锐步、卡帕等世界知名的运动品牌也借势获得了极高的关注。由此可见，这种寄生营销模式是非常有效的，而且是低成本的。

还有一些企业则在做产品寄生模式。有一家纤维制品企业遭遇了市场寒流之后，便开始转型找出路。此时，国内私家车越来越多，而汽车美容行业还处于空白阶段。于是，这家企业想到了一个办法，聘请优秀的饰品设计师设计纤维材质的汽车装饰品。半年之后，第一批汽车装饰品上市，企业通过渠道将其批发给各种营销机构，私家车车主只需要几十元就能够买到一件漂亮的汽车装饰品，并且装饰自己的汽车。通过这种寄生方式，这家纤维制品企业不但没有被市场淘汰，而且实现了完美转型。而这种商业模式，就是一种产品寄生商业模式。

除了产品寄生之外，还有品牌寄生、工具寄生、渠道寄生等。品牌寄生较为有名的案例就是六神花露水。六神集团的六神花露水是中国知名产品，看到六神，许多人就会想到花露水。对许多人来说，六神是一个响当当的品牌。于是，六神集团又推出了六神花露水的姊妹系列产品——六神沐浴露。六神沐浴露推出之后，也取得了不错的营销成绩。事实上，六神沐浴露就是借助六神花露水品牌进行寄生的，继而产生了商业效应。

总之，寄生营销模式是一种由“竞争对手”发起的、具备隐蔽性的营销方式，这种方式成功率高、成本低，是一种可复制的商业盈利模式。

第九章 企业爆发的有效策略

1. 聚焦策略

一个企业想要取得成功，不仅需要生产高质量的产品，而且需要开拓营销渠道，搭建“企业—客户”服务平台，选择适合自己的经营策略。在众多的经营策略中，聚焦策略是非常经典而且实用的。聚焦策略也叫集中型策略，这种策略的最大特点就是企业把重点聚焦在市场的某一点上，或者给某个特定人群提供产品或服务。用一句话来概括，聚焦策略就是集中力量办好一件事。

一家生化企业的老板罗某是一名“海归”教授，在生物制药的某个细分领域内有突出的研究成果。回国创业的罗某，打算在自己擅长的领域内实现梦想。另外，创业之前，罗某对国内的相关市场进行了考察，他擅长的领域也是国内的一个空白领域，且有较大的产品市场需求。确定了目标和方向之后，罗某开始组建团队，搭建企业。企业所有的力量和资源都聚焦在某一单一产品领域内。

一年之后，罗某的企业形成了生产力量，第一批产品上市了。于是，罗某的企业集中力量在特定领域营销，很快就打开

> 了局面。罗某说："我们企业的这款产品属于市场优势产品，有较强的市场竞争力。客户需求较大，且我们的产品与进口产品效果几乎一致，但价格只是进口产品的一半。"合理的定价效果显著，该产品快速得到市场的认可，当年就给企业带来了6000万元的纯利润。后来，这家企业继续扩大规模，市场占有率逐年提高。罗某又创办了另一家生物制药企业，将经营目标聚焦到另一个特殊市场。

案例中的企业取得了成功，成功的背后也有问题值得我们去思考。换句话说，这家企业为什么选择聚焦策略呢？

（1）市场内缺乏优势产品。

如果一个市场内缺乏优势产品，而一家企业能够提供一款优势产品，这款产品就能够快速占领市场。有一家企业的管理者发现：在自己熟悉的领域内，市场上缺少一款有竞争力的科技产品，而这样的科技产品一旦研发成功，就能够产生巨大的市场效益。于是，这家企业瞄准了细分市场，集中力量研发这款科技产品。通过半年多的研发，该企业终于研发并生产出该科技产品。该科技产品与市场同类型产品相比，性能更加优越，功能更多，操作更加方便。于是，该产品一上市就得到了市场认可。比较有代表性的企业有苹果公司，苹果手机和iOS移动操作系统一上市，就取得了巨大的成功。由此可见，市场内缺乏优势产品是企业选择聚焦策略的主要因素之一。

（2）市场销售渠道不健全。

当一个市场刚刚出现时，市场的销售渠道是不健全的。手机出现之前，手机消费者市场还没有出现，销售渠道并不健全。第一批进入手机行业的企业有两种，通信企业和家电企业。通信企业的优势在于自己的通信技术，它们在优势技术的引领下，生产并研发手机，然后借助企业的传统渠道进行营销，能够快速提高市场占有率。家电企业通常有成熟的销售渠道，如果借助该渠道进行扩展，也能够打通并建立手机营销渠道。因此，通信企业和家电企业能够快速抢占市场，并且完善不健全的市场销售渠道。

（3）市场存在较大的缺口。

消费者市场虽然充满了竞争，但是激烈竞争的背后，仍旧有市场潜力可以挖掘。如果某家企业发现自己所在的行业内，消费者市场仍旧存在较大的挖掘空间，就可以集中力量挖掘市场潜力，弥补市场缺口。例如，不同的互联网应用产品仍旧存有较大的空间，而科技企业依旧可以持续性地开发互联网科技市场。只要消费者市场没有被“填满”，就有挖掘的空间。相对而言，市场缺口较大时，企业选择聚焦策略更具有价值。

（4）竞争对手存在缺口。

在同一个市场内，一个企业往往要面对几个强有力的竞争对手的围追堵截，并展开正面较量。事实上，还有一些企业存在自己的“短板”，如某科技企业在手机研发方面优势明显，但在软件和系统开发方面存在不足。因此，该科技企业的营销缺口是软件和系统开发。此时，恰恰有一家企业看到了这样的市场缺口，就会集中力量研发软件和系统。

聚焦策略能让一个企业在自己的专业领域内变得更加专业，只有更加专业的技术和更加专注的精神，才能够让企业强大起来。德国作家歌德表示：一个人不能骑两匹马，骑上这匹，就会丢掉那匹。聪明人会把分散精神的要求置之度外，专心致志地学一门技术，学一门就要把它学好。由此可见，一个企业的管理者如果发现了合适的商机，就可以采取集中力量办一件事的方式去经营自己的企业。

2. 异业联盟策略

当今时代是一个抱团取暖的时代，许多企业为了提高自己的市场生存能力而采取结盟的方式。结盟的方式有很多种，有同行业互为竞争对手的多家企业形成同行业联盟，而这种联盟旨在提高整个行业的市场竞争力，并且能够集体拿到较为优惠的采购价格；还有一种不同行业的多家企业形成的异业联盟。在这样的联盟内，企业彼此宣传、推广，能够引起商业连锁效应。事实上，异业联盟策略也是共享思维的一种应用形式，具有非常好的商业推广意义。

有一家粥店，人气不错，几乎每天都爆满。用食客的话说就是：这家店已经非常成功了，不需要继续加大宣传了。但是这家店的老板并不这么认为，他说："餐饮行业存在一个衰减期，当你经营到一定程度的时候，消费者的数量就会减少。究其原因，可能与消费者追求新鲜感有关。”为了解决这个问题，确保粥店的生意能够持续火爆，这家店与附近的 KTV（卡拉 OK）和沐足店进行联盟。粥店打出宣传广告：在粥店消费满 100 元，赠送价值 88 元的 KTV 抵用券和价值 88 元的沐足养生抵用券。

是不是有许多人吃完饭之后，会去 KTV 或者沐足店呢？尤其是上班一族，白天工作很累，晚上吃完饭之后想去放松一下。他们认为，粥店赠送的不是优惠券，而是 176 元消费现金。消费者拿到这些券，就可以直接去 KTV 和沐足店消费了。因此，许多有相关需求的消费者也会来粥店吃饭，目的是拿到相关的抵用券。

与此同时，KTV 帮助粥店进行广告宣传。KTV 有一个宣传海报，上面写着：在 KTV 消费满 100 元，就可以得到粥店的 3 瓶啤酒免费券。其实 KTV 的消费并不低，随便玩一玩，消费也要在 500 元以上。许多人去 KTV 消费后将获得粥店的免费啤酒券。而沐足店也在帮 KTV 和粥店宣传。三家店联盟进行推广营销，实现了非常好的效应。拿到免费啤酒券的消费者会去粥店消费，在粥店消费结束后，可以拿到 KTV 和沐足店的代金券。到了最后，消费者免费喝到了啤酒，去 KTV 和沐足店也得到了实惠，确确实实给自己省了不少钱。粥店、沐足店、KTV 虽然不是同一个行业，但是都具备“高附加值”的特点，而且上下游之间存在衔接关系，故此可以形成这样一个联盟。

三家店结盟一年，粥店生意一直火爆，KTV 的包房基本全满，沐足店的生意也比往日好了很多。

异业联盟不仅适用于商业门店之间的合作，也适用于企业之间的合作。

众所周知，房地产企业与装修企业常常有联盟关系。有一家房地产企业开发了许多楼盘。但是该房地产企业并不是业内大企业，因此需要找一些合作伙伴一起进行宣传。于是，该房地产企业与国内比较知名的一家装修企业进行联盟合作。

消费者如果在该装修企业选择装修房屋，可以拿到购买房地产企业商品的折扣卡，折扣力度是九八折。换句话说，如果一套商品房为 100 万元，消费者凭借折扣卡可以直接省 2 万元。与此同时，如果消费者购买了房地产企业的房屋，能够得到 1 万元的装修基金，而该装修基金只能够用于该装修企业的装修开支。通过这种方式，消费者购买了房子，然后选择固定的装修企业；如果想购买第二套房，就会拿着折扣卡再次去房地产企业。

房地产企业的老板说："所有的买房者都要对房屋进行装修，大多数买房者也会选择一家有实力的装修企业。我们向买房者推荐自己的联盟企业，也是出于对这家企业的信任，对购房者负责。另外，1 万元的装修基金是实打实的，我们直接帮助购房者节省了 1 万元。”对于装修企业而言，许多人装修了房子之后，拿到折扣卡。折扣卡相当于“钱”，而直接转售折扣卡也是一种赚钱的方式。总之，房地产企业与装修企业的合作是成功的，而房地产企业与装修企业本身存在一种“互补关系”，消费者可以一站获得两种服务。

异业联盟的合作方式主要有以下四种：商业信息交换、产品返利、客户资源共享、联盟优惠。

（1）商业信息交换。

联盟商家之间的信息交换是非常常见的，如粥店与沐足店交换信息，彼此分享相关的市场信息，并且集思广益，拿出一种可实施的合作办法。商业信息包含许多方面，异业联盟也常常举办相关的活动，参与的商家可以进行信息交换。

（2）产品返利。

最简单的产品返利是“买赠”。所谓“买赠”，就是购买 A 商品，赠送 B 商品。A 商品与 B 商品是一种捆绑关系，两家企业进行商谈，推出产品返利方案。比如许多消费者购买了牙膏后会获得一瓶洗手液，捆绑式的产品返利能够满足消费者的需求。

（3）客户资源共享。

许多人购买汽车后，会去 4S（整车销售、零配件、售后服务、信息反馈）店的相关关系单位购买其他服务，比如汽车保险、汽车专业美容等。事实上，这些处于上下游关系中的企业也会共享自己的客户资源，用一种合作服务的方式共同提升客户的体验。

（4）联盟优惠。

我们可以把“买赠”当作一种联盟优惠，还有一种联盟优惠在“团购”方面体现得更加清晰。比如某个企业团购了一个商品套装，而这个套装可能包含了几家企业的多款产品。

总之，异业联盟策略是一个非常实用的策略，它能够让企业找到合作伙伴，摆脱独立面对市场的局面。另外，异业联盟内的企业都能够从分享中获益。

3. 体验策略

产品好不好，恐怕不能仅听一家之言。自卖自夸的营销方式已经过时了，只有消费者说好才是真好。如何才能够让消费者说好呢？如果消费者亲自体验并感受了产品，就能对该产品进行准确的评价。

古代有一个叫杜斌的人发明了一套牛拉犁头，这个犁头与其他犁头不太一样，看上去有种很别扭的感觉。但是杜斌亲自试验多次，这个犁头的耕地效率更高，而且适用于山区小面积耕种。许多人并不相信杜斌：“你说你的犁头好，但是我们觉得它不好。它样子怪怪的，看不出哪里好。”杜斌非常生气，他跟那些人较劲儿，但是较劲儿并没有任何好处。

回到家，杜斌的夫人劝他：“你不要跟他们较劲儿，好的东西自然是好的，你做个试验他们就相信了。”杜斌接受夫人的建议，于是第二天便召集众人，现场展示自己的犁头。展示结束后，有一半人相信，还有一半人不相信。有个怀疑者说：“你选择耕这块地没有任何说服力。我家有块地，到处都是碎石头，你敢去试试吗?”杜斌非常信任自己的产品，于是搬着自己的犁头去了怀疑者的地里测试。

杜斌对怀疑者说：“这一次你自己试，我把犁头套到牛身上。”杜斌完成自己的工作后，怀疑者开始体验。没想到，这个犁头不但能够解决碎石滩的耕种问题，而且效率很高。这时，绝大多数的人都相信了杜斌，纷纷购买杜斌的犁头。杜斌因此出了名，他设计的犁头供不应求。

人是主观性的，只有体验后，才能够给出自己的判断。如今，人们的物质生活越来越富裕，对体验的要求越来越高，我们早已步入“体验为王”的时代。著名畅销书《体验为王》中有这样的观点：用户体验会为你带来收益。但是这不是因为用户体验让你的客户感觉到温暖和沉醉，这也不是一句简单的口号。用户体验会为你带来收益，只要你把它当成一种商业规则。事实上，对于大多数行业来说，用户体验对降低成本和提高收益都是极大的未开发资源——当然，这需要你花时间去了解用户体验背后的东西，以及如何从提供体验服务上获得经济收益。用户体验本身蕴含着巨大的商业价值。如果一个企业能够邀请体验者前来体验，体验者很有可能变成消费者。

体验通常分为三种：知觉体验、行为体验、感情体验。三种体验相结合，就能够激发强大的购买需求。知觉体验也叫感官体验，体验者能够调动自己的五感，并对产品进行判断。当人们看到苹果手机的时候，感受是这样的：做工精致，外形出色，握在手里非常有质感，几乎挑不出毛病。如果消费者对一款新产品也有这样良好的感受，就会对其产生非常好的第一印象。有一位企业家说："良好的第一印象是消费者购买商品的最初动机。"行为体验是一种行为上的感受，如体验者打开苹果手机，然后体验苹果手机的流畅性和软件的安全性，体验者会进一步对苹果手机做出判断，也就能够加深对苹果手机的印象。一款优秀的产品不仅能够让体验者获得良好的体验，而且能够改变体验者的日常行为，将他们的生活变得更加简单、有趣。体验者的体验感受进一步提升，购买决心也就越发坚定。感情体验是一种更加高级的体验，随着体验的逐步加深，人与产品之间会产生一种情感。如果一个企业在此基础上加大服务力度和沟通力度，体验者就会感受到尊重、关爱，也就会产生满足感，并将这种满足感转化为订单。

如今，企业可以选择的体验模式有很多种，常见的体验模式有免费体验、亲子体验、竞赛体验、文化体验等。免费体验是最为常见的一种体验模式，企业邀请体验者进行免费体验，他们体验之后就会快速形成一种感受，并决定是否购买。许多企业设置体验店邀请广大潜在消费者进店体验，通常能取得非常好的营销推广效果。

亲子体验也是当前非常流行的体验模式，许多儿童产品的生产商会邀请客户参加“亲子游戏”，让他们在“游戏”中感受产品。如果产品性能出色，家长就会花钱购买。竞赛体验则指企业或者经销商邀请消费者参加有趣的竞赛游戏，竞赛游戏不仅有较强的互动性和娱乐性，而且能够展示产品的优良性能，让体验者直接感受产品。文化体验则是以文化展览等方式邀请体验者了解产品文化，以文化作为体验点去感染体验者。

小米科技的创始人雷军表示：竞争并非你死我活，而是让用户有更好的体验。用户才是根本，要用心做产品，把心思放在产品和用户上。凭借这一理念，小米科技成为科技界的领军企业，而其科技产品也已经被广大人群接受。

4. 赠品策略

如今，很多企业都有自己的引流产品，不管是低价引流，还是免费引流，或多或少都能带来一些效果。有的企业通过产品引流，效果明显；有的企业也在派送赠品，却依旧引不起消费者的兴趣。是企业选择的引流产品出问题了，还是选择的派送方式不对？

有一家生产日用品的企业正在推广一个新洗涤产品。为了快速打开市场，该企业与大型超市进行合作，将这个产品作为赠品与其他产品进行捆绑销售。因为同属于洗涤类产品，超市将该产品的试用装与某品牌的天然皂粉进行捆绑，并且带来了不错的销售业绩。此时，该企业负责人认为自己的赠品策略起到了作用，于是开始铺货至大型超市。一个月后，该企业负责人看到销售报表后傻眼了：销量十分低迷。他有些怀疑：难道我的产品质量不好，效果不佳吗？怎么没有人购买？于是，他来到这家超市，询问一位消费者："您好，您之前关注过这款洗涤产品吗？"这位消费者摇摇头："没有，之前没有听说过。"然后他继续问："之前超市做过一次赠品活动，您没有参与吗？"这位消费者说："哦，我买过，天然皂粉我用了，但是赠品我没有用，因为不知道它是不是真的好用。"

听到消费者的话，这个老板如梦初醒。事实上，赠品策略并不是将赠品"送出去"就万事大吉了，真正的赠品策略是让收到赠品的人知道这款赠品的价值在哪里，是否好用。如果消费者不知道赠品的价值，也就无法记住这款赠品。于是，这个老板改变了赠品思路。他组织了一个赠送团队，这个团队实际是一个促销团队。凡在超市购物满 58 元的消费者就可以去超市入口领取赠品。赠品有 500 毫升，而且包装精美。与此同时，这个促销团队用巨幅海报、电视广告、现场洗衣等方式进行宣传，拿到赠品的消费者也开始询问："这个产品真这么好用吗？"企业邀请消费者进行体验，体验结束后再派送赠品和购买相关产品的优惠券。赠送活动持续了一周，赠品送出去一万多份。

一个月后，该企业再次组织铺货，销售业绩已经达成了目标。换句话说，这一次的赠品策略是有效的，而上一次的赠品策略是无效的。

选择合理的赠品策略非常重要，赠品虽然是“免费”的，但要让消费者知道该赠品的价值在哪里，要让消费者使用过之后，能够感受到赠品的价值。也就是说，企业要通过赠品策略让消费者产生购买该产品的兴趣。因此，企业在选择赠品或者开展赠品活动时要坚持以下几点。

（1）赠品一定要精致。

许多企业为了节省成本，在赠品的选择方面有些“小气”，赠品包装不精美，设计的款式不好看。如果将这样的赠品送到消费者的手上，消费者就不会在意这样的赠品。企业在选择赠品或者设计赠品的时候，也要下足本钱，让赠品好看、精致、美观。俗话说：“赠人玫瑰，手留余香。”玫瑰是美丽的，赠品也应该精美。消费者拿到精美的赠品，也会对赠品背后的企业留下良好的印象，这样才能产生引流和催化效果。

（2）赠品一定是消费者需要的。

消费者的需求能够拉动一个产品的销量，如果企业派送的赠品是消费者不常使用的东西，就无法引起他们的购买兴趣。我们常常能够看到，饮料与面巾纸的捆绑，面巾纸是赠品。事实上，面巾纸是需求量非常大的产品，作为赠品和产品都能够引起消费者的兴趣。企业要选择的赠品必须是消费者需要或者能够刺激消费者需求的。

（3）赠品一定要体现品质和功能。

赠品的成分与商品的成分是一样的，只是分量不同而已。因此，这样的赠品要与商品拥有同样的品质和功能，能够给消费者带来价值。有一家化妆品企业开展赠送面膜活动，赠送的单张面膜与盒装（六片装）面膜的效果是一模一样的。消费者体验效果良好，于是花59.9元购买盒装面膜回家使用。如果赠品质量不过关，或者无法与商品保持一致，就会适得其反，砸了企业的招牌。

（4）赠品也要有一定的价值。

这里所说到的“价值”不是使用价值，而是实实在在的商业价值。有一些企业非常聪明，会在体验装上打上建议零售价，然后告诉消费者：“我们做赠送活动，赠送的产品其实是商场售卖的产品。之所以赠送，是因为我们在举行建厂十周年庆典活动。”消费者拿到这样有实际价值且数量有限的赠品时，就会产生一种好感，并且把该赠品当成一个实实在在的商品去对待，而这样的赠送才是有效的。

除此之外，想要让消费者了解该产品，还要邀请消费者参与赠品的价值体验，并对企业品牌进行高密度宣传。消费者喜欢上了该赠品，了解了该赠品的相关功能，也就会主动使用或者主动购买。还有一些企业对赠送设置了门槛，只有参加了某个活动的消费者才有资格领取赠品。不管如何，采取一定的策略才能够发挥赠品的作用，并形成引流效果。

5. 先亏后盈策略

经营企业是为了盈利，然而，有一些商人反其道而行之，采取一种先亏后盈的策略。很多人会产生疑问："万一赔了之后赚不回来怎么办?"如果一个企业拥有足够多的资源，且资金充足，产品质量稳定，有良好的资信条件，就可以采取这样的策略。

一家电动车企业的老板老严在中国电动车行业刚刚起步的时候就进入了市场，开办了企业。刚开始，电动车企业非常多，而且竞争非常激烈。为了抢占市场，老严采取了一种"低价策略"。他在短短一年时间内，在高价格的商业地段开了十多家营销店面，一直搞促销，产品价格低，因此快速打开了市场。但是，老严的低价策略也让企业亏本100多万元。

"不可能一直赔钱，赔钱的生意谁去做?"事实上，老严有自己的"扭亏为盈"的绝招。老严对客户市场进行了调查，发现许多客户对电动车有一个要求，而这个要求许多同行竞争者并没有去满足。因此，只要能够满足客户的这个特殊要求，也就能够进一步打开客户市场实现盈利。这个特殊要求是什么呢?

有一位电动车车主说："半年前我买了一辆电动车，结果被盗了。后来我又买了一辆，又被盗了。总是被盗，商家又不可能退钱给我。"换句话说，电动车虽好，但是不防盗。老严思考，如果能够研发一款防盗的电动车，就能够满足客户的这个特殊要求。于是，他想到了保险。四个月后，老严与保险公司达成协议，推出了一款电动车防盗险。有了防盗险，车主们也就不怕电动车被盗了。于是，许多潜在客户打电话咨询如何购买该品牌的电动车。

此时，带有保险险种的电动车已经恢复了原价，不再采取低价营销策略。即便是恢复了原价，客户们依旧拥有很强的购买欲望。老严的电动车企业每个月的销量以30%的速度增长。到了年底，老严不仅收回了所有的成本，而且大赚一笔。后来，老严的电动车企业越做越大，如今已经拥有固定资产5亿元，年产值超过20亿元。

这个案例是一个典型的先亏后盈的案例，企业之所以能够赚钱，是因为它已经了解了客户的需求，并且能够满足客户的需求，把产品做到行业前沿。产品竞争力强，市场需求大，之前的低价行为只是为了打通渠道而已。打通渠道之后，企业就会以优质的产品抢占更大的市场。这种方式，对于一些有实力的大型企业而言是非常有效的。

先亏后盈中亏的是钱，但赚了人气和人心。也就是说，企业的“亏”并不是目的，而是为了赚人气和市场。

（1）亏本赚人气。

亏本赚人气类似于“赔本赚吆喝”，许多人不认可这种办法。然而现实中，许多企业采取这种办法赚来了人气。

有一家企业生产牙膏。众所周知，牙膏是人人都用的日用品。但是国内牙膏品牌众多，一个新的牙膏品牌想要进入市场是非常困难的。于是，这家企业采取低价策略进行营销，一支60克的牙膏只卖1.99元。

有一些追求高性价比的消费者会选择购买该产品，甚至有人一次购买了10支牙膏。低价营销一个月，该企业赔了100多万元。一个月后，有一些客户开始询问："这款牙膏还有吗？价格便宜，还挺好用的，我还想买几支。"后来询问的人越来越多，企业的低价策略起到了作用。

企业赚到了人气，让众多消费者知道了这款牙膏的性价比和使用效果。后来，这家企业将60克的牙膏从1.99元一支提价到2.49元一支。一支提价0.5元，企业就可以从中盈利。追求高性价比的消费者依旧会选择购买它，因为2.49元一支的牙膏仍旧属于高性价比牙膏。

（2）亏本抢市场。

虽然亏了钱，但是亏不了市场。世界上许多著名企业都采取过低价抢市场的办法。抢到了市场，形成了垄断后，再调整产品价格。

赚钱是企业的本性，先亏后盈的目的是盈利。另外，前面讲到的通过免费产品进行引流也是一种先亏后盈的方式，以免费换来人流量，提升IP价值。别想一下就造出大海，必须先由小河开始，积少成多，即使是1元也要赚。

6. 感动策略

什么样的营销是奏效的营销呢？如果一个产品推广人能够打动消费者，让消费者感动，消费者就会购买这个产品。感动是一种策略，也是一种营销模式。一个人感动了，就会愿意购买。

有一个年轻人刘某设计了一款鞋，这款鞋防滑效果很好，而且穿上去透气、舒适，非常适合老年人。于是，他将这款鞋的消费群体定位为老年人。他打出一个广告：“专为老年人设计的一款防滑鞋，防止腿脚不灵便的老年人因腿无力而滑倒。”

当时老年产品非常少，这款老年鞋刚刚上市的时候，就有不少老年人询问。后来，刘某在各个城市进行会销，并将会销的门票专门发给年轻人。会销现场布置得非常温馨，而且提供免费的饮品。在会销现场，刘某向参加会销的人员进行营销。为了打动消费者，他讲了一个故事：“我的父亲今年七十七岁了，他七十岁那年得了中风，后来腿脚不灵便。有一天我接到母亲的电话，说他摔倒在家门口，差一点儿骨折。对于老年人而言，摔倒是致命的。后来，我就告诉自己，一定要设计一款防滑鞋让我父亲穿上。”

为什么刘某专门发会销门票给年轻人？原因在于他想唤醒

年轻人的孝心，让他们买一双防滑鞋给自己的父母或者其他亲人。这个方法很奏效，并且打动了不少参加会销的消费者，他也成功卖掉了第一批鞋。

刘某的感动策略非常奏效。当然，这仅仅是感动策略 1.0 版本，后来他又推出感动策略 2.0 版本。他组织了一个活动，这个活动的名字是给老年人穿鞋。活动现场，在组织者的气氛营造下，许多参与的消费者几乎都能够进入状态，并深受感动。有一位消费者购买了两双鞋，说："其实真应该给自己的父母买点什么，算是尽孝。"刘某借助这种感动营销的方式大获全胜，老年防滑鞋的口碑也慢慢传播开来。如今，刘某的这家企业颇具规模，并形成了品牌。

能够引起情感共鸣的产品就是一款好产品。纳爱斯有一则广告，广告语是这样的：妈妈，我能帮你干活了。这则广告非常温馨，许多年轻的父母听到这则广告后，会有这样的感触：我的孩子长大了。一句温馨的广告语或许就能够带来销量。江小白也是"感动故事"的设计者，它有句广告语是"朋友的情谊是可贵的，要保持到最后"。事实上，江小白的消费者多半是年轻人，年轻人聚会，常常会选择江小白。看到这句话，许多人会很有感触。许多人认为：喝了酒的人会变得感性。是啊，感性的人也容易感动，因此就会把感动当作购买的一种动力。

除此之外，优质的服务能够感动消费者。

某一年夏天，有一位消费者购买了一台空调。天气非常热，上门安装空调的师傅非常敬业，不仅冒着酷热的天气给消费者安装到位，其专业的服务态度也令这位消费者非常感动。两年后，空调出了一点问题，这位师傅又来调试、维修。后来，这位消费者搬家，搬家需要重新购买空调，于是又选择了这个品牌的空调。

这位消费者说："这个空调品牌可能并不是业内知名的，但是它的服务非常好，令人感动。"

海尔集团有句广告语是"真诚到永远"，客户感受到企业的这种真诚，就会感动。张瑞敏表示："用户就是我们的大地，我们要永远脚踏实地，不离开这片大地。"

把客户当作上帝，真诚服务自己的客户，也就能够打动客户。想尽一切办法与客户建立沟通的桥梁，让客户在相信你，客户也会深受感动。关心自己的客户，也能够用真情打动客户。有一位企业家说："以心换心就能够打动客户，客户感受到你的真诚、负责，也就愿意接受你的帮助。"帮助是什么？帮助就是企业要变成消费者身边的"顾问"和"问题专家"，随时帮助消费者解决问题。就像消防员，当一个人的家里失火后，消防员就会以最快的速度出现在现场，并以高度敬业的状态完成灭火救援工作，将失火家庭的损失降到最低。为什么消防员是一个非常容易引起社会共鸣的职业呢？这与他们的工作息息相关。如果企业管理者和产品经理也能够把自己当成消防员，急客户之所急，忧客户之所忧，客户也就会感到欣慰。

感动策略也是一种“攻心计”，高级的营销策略就是让消费者心软并接受这个产品。如果企业能够给客户带来无与伦比的情感体验，帮助客户实现自己的诉求，让客户参与产品的设计与规划，甚至能够安抚客户的情绪，让客户在情感上得到满足，客户就会重复购买。

7. 增值策略

什么是增值策略呢？简单说，就是想办法把 1 元的产品卖到 2 元。有一位企业管理者说：“企业老板都是追求增值的，增值的部分才是真正的利润。”增值策略有很多种，下面分类进行介绍。

（1）产品增值。

同样的产品如何实现增值呢？办法有很多种。

有一家护肤品企业生产纯天然护肤品。纯天然护肤品是非常有市场的，该企业生产的护肤品虽然价格较低，但销售量一直上不去。就在这个时候，有一个设计团队找上门，对企业老板说：“您的产品虽然不错，但是包装实在没有特色，而且显示不出其中的内涵。”于是，这位老板接受了建议，将产品包装设计交给了这个设计团队。不久之后，新包装的产品上市了。此时，设计团队的负责人告诉企业老板：“您还需要重新给产品取一个新的‘系列’名字。”企业老板听了建议，重新给产品取名。“新产品”刚一上市，就吸引了许多人的关注，不仅销量剧增，而且平均销售价格也提高了不少。通过这种方式，这家护肤品企业实现了产品增值。

简单说，对产品进行重新定位，然后更换包装等，就能够改变消费者对产品的原本印象，给产品带来增值。就像某香皂厂的老板给香皂换了一个漂亮的包装盒，成本增加了 1 角，销售价格却提高了 1 元。

（2）技术增值。

什么最值钱？笔者认为，技术最值钱。如果一个企业能够赋予产品更多的技术性能，就会使产品增值。还有一些企业真正实现新技术的“插入”，让产品性能本身有了提升，价格随之提高也就是顺理成章的事。

对于一些有实力的企业而言，加大技术研发力度，提高产品的技术含量是提高产品销售价格和竞争力的不二法宝。

（3）体验增值。

东西好不好，体验一下就知道。事实上，许多企业都在采取这种方式来给产品进行增值。有一家生产销售按摩椅的企业，与许多门店进行合作，让消费者体验。有一位顾客到汽车 4S 店进行车辆保养，车辆保养期间，他就到二楼 VIP 区休息。此时，有一位营销人员邀请他体验按摩椅，并且为他提供倒水等服务。顾客坐在按摩椅上进行体验，一个小时之后，确实感到身体得到了放松，于是决定购买按摩椅。在营销人员的引导下，顾客又体验了一下车载按摩垫，并决定购买。

苹果公司也是靠体验给产品赋值的。苹果公司的产品质量一流，设计美观，而且流畅的系统给消费者带来非常好的体验。苹果公司的产品一直是时尚、高端的代表，全世界都掀起了一阵“苹果热”。

（4）品牌增值。

一个知名品牌与一个普通品牌卖相似的产品，谁的产品卖得贵呢？很显然，知名品牌的产品拥有更高的“品牌附加值”。一件普通的衬衣，布料好，工艺考究，大概可以卖到 800 ~ 1000 元。但是路易威登这样的品牌衬衣，布料和工艺与普通的都差不多，可以卖到 5000 元一件。人们常常讲到品牌溢价，品牌本身就代表一种价值。如今，人们的物质生活水平大大提高，追求品牌是一种趋势。几乎同样配置的手机，大品牌卖 5000 元，普通品牌卖 3000 元。所以，企业需要不断打造自己的品牌，提升品牌影响力。品牌影响力越大，产品的品牌溢价也就越高。

（5）分类增值。

分类增值也是一种常见的增值策略。有一个人从事服装批发行业，每一次进货，他都会对服装进行分类，棉布料的为一组，棉麻混纺的为一组，真丝混纺的为一组，分类之后，他再对不同的衣服进行标价。事实上，批发服装都是混批，价格都是一样的。但是通过分类，服装店老板分出了高中低三个价位，不仅提高了产品售价，而且对客户进行了分类。从事肉制品加工的企业也会对生猪进行精准分割、分类，然后分门别类进行定价。

除了上述五种增值策略，有一些企业采取个性化增值策略，通过为客户量身打造个性化产品来提高产品的价格。管理大师彼得·德鲁克认为：顾客购买和认定的价值，并不是产品本身，而是效用，也就是产品和服务为他带来什么。只要企业能够满足消费者的某些需求，产品就可以得到增值。

8. 倍率策略

什么是倍率策略呢？倍率，也叫定倍率，产品的销售价格除以成本价格所得出的数值就是定倍率。假如一瓶矿泉水的成本是0.5元，而市场销售价格是1元，那么定倍率就是2。成功的倍率策略不仅能够将产品销售一空，而且能够博得更多的利润和社会资源。

有人问："难道消费者不追求高性价比吗？"事实上，不尽然。许多产品正因为拥有了"高附加值"的品牌效应才符合并满足了某些消费者的需求。如今，有一些消费者追求高端、极致的生活。而这能够满足他们的尊重需求和自我实现需求。

每个人都有追求高品质生活的权利。对于企业而言，它们也有自己不同的产品定价策略。只不过，有一些产品的价格低了，反而会让消费者怀疑它们的品质。

有一家纯天然手工皂企业一直走高端路线。该企业的老板琳琳说："世界上也有很多高档手工皂品牌，它们的产品质量一流，而且产出量并不大，一块100%橄榄油皂可以卖到300元。"

起初，琳琳只打算提供性价比高的纯天然手工皂，如100%橄榄油皂只售39.9元一块。后来有一个朋友打来电话问琳琳："进口橄榄油可是很贵的，39.9元能不能保住成本啊？这个价位的橄榄油皂恐怕会令人产生怀疑吧。"这提醒了她，并不是所有的产品都要追求高性价比。所谓合理的定价并不是高性价比的定价，而是一种符合商业利益和客户内心需求的定价。于是，她将产品价格上调一倍，并且在产品包装方面进行了优化。内心忐忑的琳琳担心产品卖不出去，甚至做好了调整回原价位的打算。出人意料的是，产品的销量不但没有减少，反而在增加。

有一位喜欢囤积手工皂的网友说："对于太便宜的东西，许多人会质疑它的纯度，怀疑里面掺了东西。手工皂是直接作用到人体娇嫩肌肤的，绝对不能马虎。手工皂的品质一定要好，即使贵一点儿也无妨。"后来，琳琳的手工皂企业公开进口的原料，甚至公开部分产品制作细节。大家认可了琳琳的手工皂产品，而琳琳的手工皂品牌在业内也逐渐有了影响力。如今，这家手工皂企业采取倍率策略进行定价，产品销量一直非常稳定，收益却比过去增加了一倍以上。

有人说："一分钱一分货。"有一个樱桃种植户，每年樱桃上市，他都会对樱桃进行分类。大的一组，小一点儿的一组。其实从口感上讲，它们几乎都是一样的。但是大一点儿的樱桃放进纸包装盒里，一公斤卖128元；小一点儿的樱桃以每公斤24元的价格大量批发给水果商贩。每年到樱桃丰产末尾，高价大樱桃销售一空，而小一点儿的樱桃却留下很多库存。剩余的难以售卖的樱桃就会低价卖给酒厂用于加工樱桃酒。有人问："难道128元一公斤的樱桃真的物有所值吗?"一位消费者说："物有所值是消费者认为值它就值，它并不是一个统一性的概念。"物有所值是抽象的，也是个性化的。追求高品质的人，自然觉得128元一公斤的樱桃不贵，而且吃起来更放心。价格较低的樱桃同样能够满足追求高性价比的消费者。因此，对产品分类是非常重要的一种商业行为。

另外，什么样的产品可以采取倍率策略呢？在笔者看来，不可复制或者不可替代的产品可以采取倍率策略。如果某一天，一家航空公司生产出十倍音速的客机，而定价比普通客机贵一倍，会不会有人选择乘坐呢？如果从北京飞到纽约只需要一个小时，那些有时间需求的乘客必然会掏腰包。

倍率策略是符合经济规律和市场行情的，只要企业有足够优秀的产品和服务，就可以根据自己所处的市场环境使用倍率策略。

9. 裂变策略

"裂变"是当前人们常提到的一个词。什么是裂变呢？简单说，就是一个企业或者门店能够通过一种模式或者某个产品带来客户的不断增加，产品销售量的不断翻倍。裂变的目的就是吸引并增加客户，客户数量越多，产品销量也就越大。

裂变是一种思维，如何使这种思维发挥作用呢？许多企业借助三种方式引发裂变，即引流产品、宣传广告、科学流程。

（1）引流产品。

许多企业为了达到吸引消费者或者提升品牌影响力的目的，投放低价引流产品进行引流获客。还有一些企业直接采取“免费鱼饵”的方式吸引消费者上门。低价或者免费产品是很好的“鱼饵”。如果这个“鱼饵”效果好，客户上了门，商家能够解决客户的问题，满足其需求，就能够形成裂变。

（2）宣传广告。

一个好的商业推广方案要让消费者知道，消费者了解得越多，或者了解得越详细，也就越清楚活动的具体内容。如某门店举办活动，并且制作了一个巨幅海报。人们看到海报后，就知道了门店里面举办的优惠活动，因此，也就会有人上门体验一下。

（3）科学流程。

任何一种商业模式都有固定的流程，商业裂变模式有逻辑缜密的流程，环环相扣。消费者满足了第一个环节的要求后，才能够启动第二个环节。由此可见，裂变的流程是递进式的，每一个环节之间相互联系。对于消费者而言，想要拿到商家的优惠，需要像游戏玩家那样层层通关。对于企业而言，设计科学的裂变流程非常重要。

有人总结了一个公式，“裂变 = 产品 + 海报 + 分享流程 + 种子客户”。前面讲到了产品、海报、流程，那么，种子客户是什么呢？种子客户就是反复消费而且能带来新客户的老客户。世界上所有的企业都离不开老客户，抓住老客户，与老客户搭建起“双方互利”的关系，老客户就会带新客户上门。客户得到了好处，企业自然也会赚到钱。

第十章 企业运行的十大重点

1. 得民心者得天下

有一个企业老板，他自认为有着很强的个人能力，完全可以管理好企业，因此他说一不二、刚愎自用，坚持“一言堂”的做法。许多员工非常害怕他，唯恐某一天说错了话就会被他开除。有一年，有一位员工操作不当，造成一起事故，事故并不大，也没有造成太大的损失。如果按照常规处理方法，批评或者罚款就可以了。但是这位老板非要开除这一名员工，并强调：“工作岗位绝对不能出现任何一点儿错误。”

一点儿也不能出错？谁敢保证？许多员工私底下都对这位老板有怨言，采取一种“消极”的工作方式，不求有功，但求无过。这种消极的工作方式，影响的当然是企业的效益。企业效益提不上去，这位老板又急了，他设计了严厉的绩效考核方式，完不成任务的员工不是被罚款，就是被开除。在这样一个人人自危的环境下，该企业开始“大失血”。有能力的员工纷纷跳槽，企业面临严重的用工荒。

一年之后，企业中的几个高管也离开了企业。此时，企业老板意识到了问题的严重性，但是，他似乎并不知道问题出在自己身上。他问其中一位股东："为什么员工、管理干部都要跳槽？难道是因为我给的薪水低？"这位股东说："你的管理是一种'霸权管理'，根本得不到人心。人心散了，队伍也就没法带了。"后来，这位股东也退了股，离开了企业。

案例中的这个企业虽然没有到"关门大吉"的地步，但是一直不景气。与它相比，那些"一团和气"的企业取得了不错的经营结果。

几年前，任正非签发了一个名为《要坚持真实，华为才能更充实》的邮件，邮件中写道："我们要鼓励员工及各级干部讲真话，真话有正确的、不正确的，各级组织采纳不采纳，并没什么问题，而是风气要改变。真话有利于改进管理，假话只有使管理变得复杂、成本更高。因此，公司决定对梁山广，工号 00379880，晋升两级，到 16A。即日生效。并不影响其正常考核与晋升。根据其自愿选择工作岗位及地点，可以去上研所工作，由邓泰华（华为无线产品线总裁）保护不受打击报复。"任正非不仅是一个爱才之人，而且是一个非常会保护人才的管理者。得到这样的保护与认可，华为员工人人振奋，个个当先。从这段文字中，我们能看出一个世界五百强企业的管理者对自己员工的关爱。许多人看了之后竖起大拇指："任正非真是一个好老板。"

华为通过这种方式收获了人心。人心所向，企业才能够健康发展；人心所向，企业才拥有无比强大的凝聚力。对于企业管理者而言，真正需要思考的就是如何获得员工和消费者的心。

2. 有价值才有生存空间

价值并不单指金钱价值，它可能包含许多元素。对于一个企业而言，创造价值才能够长久地发展下去。如果一个企业不能够产生价值，很快就会被市场淘汰。一个企业想要长期立足市场，就需要不断创造价值，不断追求更大的价值。

有一家企业从事外贸加工生意，老板姓王。几年前，欧洲的订单很多，而且价格高，该外贸企业发展得很快，从 20 个人发展到 300 个人只用了两年半的时间。后来经济环境变化，贸易订单减少了一大半，企业的生存空间压缩，销售额锐减，甚至到了贷款给员工发放工资的地步。王某非常着急，他认为：企业想要发展下去，必须转型，要把产品变成订单，把订单变成钱。

于是，他重新搭建营销团队，将营销市场转向国内。由于企业之前专门加工欧洲的产品，生产线也是按照国外客户的标准设计的。因此，第一步，他需要对生产线进行调整，转变工艺和设计理念，仅此项工作就花费了几个月的时间。生产线调整完毕，符合国内市场需求的产品也就能够下线了。第二步，他需要将产品卖出去。产品出炉之后，营销团队就开始搭建国内营销渠道，发展代理商，或者对某些区域进行铺货。功夫不负有心人，营销团队签了不少大订单，产品的销路也就不愁了。当然，此时的产品营销是“微利营销”，并不能解决之前留下的问题。

王某说：“必须想办法扩大产品的利润空间，才能缓解资金压力。”为了提高产品价格，王某在提升产品工艺的基础上，加大品牌建设的力度。王某的企业原本没有自己的品牌。想要解决这个问题，就必须打造一个品牌。于是，他外聘品牌塑造团队设计了一个品牌，并进行文化植入。通过这种方式，一个崭新的品牌出现了。为了提升品牌知名度，该企业还邀请明星进行代言。

随着一系列的商业运作，王某的企业成功转型。如今，该企业已经是国内非常有名的品牌企业了，企业拥有员工 800 多人，并且拥有非常强大的设计研发中心，不断推出高附加值的新品。

企业找到自己的价值空间，就能够不断创造价值。那么一个企业如何才能够发现价值空间呢？

（1）确定优势资源。

每个企业都有自己的资源，在这些资源里，有优势资源，也有大家都有的公共资源。因此，企业需要明确自己的优势资源。有一家科技企业的优势资源是数千项的科技专利和相关的高科技人才。

于是，这家企业想尽办法挖掘自己的优势资源，将优势资源转化为产品或者服务。该企业的老板说："专利也是产品，授权可以赚钱；专利产品本身也可以卖钱；专利延伸出的服务也能够创造价值。"总之，一家企业确定了自己的优势资源，也就找到了自己的优势和特长。

（2）确定价值链条。

什么是价值链条？简单来说，价值链条就是从原料采购到产品加工出库的一系列增值活动。如果放到一个企业中，价值链条就是从采购到生产，从生产到库存，从库存到开始营销。假如某钢铁厂采购了铁矿粉等原料进行生铁冶炼，总冶炼成本为1800元，而冶炼出的生铁成品具有2000元的价值，那么价值链条也就明确了。一个企业想要确定价值链条，就要算"成本账"：成本是多少，如何节省开支，如何提高生产效率和产量。确定了价值链条，也就确定了基础价值。

（3）厘清行业链条。

什么是行业链条？行业链条就是从行业角度出发，从上游的原材料供应商的确定到下游产品的具体使用。一家企业想要找到利润增长点，就需要从行业源头寻找资源，货比三家，找到最好的供货商。搞定了原材料后就可以设计生产产品。产品营销到消费者的手里后，企业要跟踪并记录消费者对产品的使用情况。有一家企业老板说："产品好不好，完全由消费者说了算。如果一个产品的使用寿命是五年，而消费者用了三年就坏掉了，问题出在哪儿？是不是产品本身有问题呢?”中间环节出了问题，价值空间就会被压缩。企业厘清了行业链条，也就能够找到一条价值递增的链条。

（4）打造用户链条。

事实上，最后所有的价值增长都要放在用户这个链条上。打造用户链条就是从用户的角度思考如何将一个产品打造成用户心中想要的产品，并满足用户的需求。产品定位和客户分类，这些烦琐而重要的工作都是为打造用户链条服务的。如果一个企业能够做到把用户放在重要的位置上，将用户纳入“价值链条”中，也就能够打造出有效的用户价值链条。用户决定价值，用户购买并付费才能够带来价值。

小米科技董事长雷军表示，自己在小米主要做两件事情：一是管所有产品，任何细节都要看过才能上架，包括字号调大调小这种细节；二是在论坛、微博和各种通信工具上看用户反馈。不难看出小米科技的价值空间是如何打造的：注重产品细节，关注用户反馈。只要企业能够找到自己的价值空间，也就能够把企业做好。

3. 定位好方能得天下

有一位企业管理者说：“想要做好管理，先要做好定位。”定位是做事的基础，没有定位，也就没有目标和方向。在一个企业中，管理需要定位，生产需要定位，营销需要定位，市场需要定位。管理大师彼得·德鲁克认为：我们的生命是有限的，我们想要追求的目标和学习的知识是无限的，用有限的生命去追求无限的目标和学习无限的知识是不可能的。所以，在生命中，我们必须要学会定位，选择和努力同样重要。

有一家企业，企业老板姓刘。刘老板是一个非常有魄力的老板，而且有战略前瞻性眼光。企业成立之后，他就对企业发展进行了科学把脉，他说："我们不做世界上最厉害、竞争力最强的企业，我们只做一家良心企业，生产良心产品，产品的价格也是良心价。如果企业发展到一定的规模，我希望这个企业能够对社会做出一定的贡献，解决地方就业，给企业员工提供更好的工作环境和奋斗环境。"定好了企业发展基调，他就带领企业朝着这个方向前进。

第一步，解决产品问题。他将产品定位为良心产品。什么是良心产品呢？质量好，结实耐用，经得起时间考验。因此，该企业把产品生产放在重要的位置上。为了提高产品质量，这家企业引进了先进的科学管理流程，并且对产品进行严格的出厂检验。严把产品质量关，产品的问题也就解决了。

第二步，解决营销问题。产品营销需要企业对产品市场进行定位。事实上，在生产产品之前，该企业就已经对市场进行了充分调研，确认哪种产品有市场，哪种产品没有市场。根据市场定位和市场信息反馈，该企业确定产品类型，并引进相关设备进行产品生产与加工。有了符合市场需求的产品，营销渠道也就能够顺利打通。这家企业采取了“线上—线下”互动营销模式，消费者既可以在线上购买，也可以到线下体验店去购买。

第三步，解决客户问题。这家企业搭建了客户沟通和客户反馈机制，并且让客户参与企业的管理和产品的优化升级。与此同时，售后体系的搭建更加完善了客户管理系统。客户问题解决了，企业的基本利益也就保住了。

第四步，解决品牌问题。打造产品品牌与企业品牌也是一种定位，这种定位能够帮助企业提升综合价值和社会影响力。这家企业为了打造品牌，用了许多办法，不管是产品宣传还是广告轰炸，不管是服务平台的搭建还是社会公益事业的开展。经过五年时间的打造，该企业实现了品牌化运营。

如今这家企业年产值数十亿元，拥有各种名牌系列产品二十余种，企业正处于高速发展之中。

定位理论被世界各地的大小企业广泛应用。多年实践证明，定位理论是一套科学的理论。定位的目的是什么？定位的目的是获得预期结果。企业管理者通过定位，完成企业的管理与经营计划，厘清管理与经营思路，建立一条高效的管理通道，继而实现目标。彼得·德鲁克认为：管理是一种器官，是赋予机构以生命的、能动的、动态的器官。没有机构（如工商企业），就不会有管理。但是，如果没有管理，那也就只会有一群乌合之众，而不会有一个机构。而机构本身又是社会的一个器官，它的存在只是为了给社会、经济和个人提供所需的成果。可是，器官从来都不是由它们做些什么来确定的，更不是由它们怎么做来确定的。它们是由其贡献来确定的。管理是“结果”的艺术，但是“结果”是怎么来的呢？结果的“上游”就是定位。有了定位，也就有了目标和方向，然后朝着这个方向去努力，才会得到结果。

如今，许多企业都在采取“以目标为导向”的管理。定位就是确定方位和方向，如同一艘航行在大海上的船只确定了某个港口。定位，如同一个船长手里的罗盘和指南针。彼得·德鲁克表示：经营目标可以被比作轮船航行用的罗盘。罗盘是准确的，但在实际航行中，轮船却可能偏离航线很远。如果没有罗盘，轮船既找不到它的港口，也不可能估算到达港口所需要的时间。由此可见，定位是一个企业能否成功运营的关键所在。

马云有三修，即定、随、舍。所谓的“定”，就是“定位”。他的“定位”都包括什么呢？自我定位，管理者给自己定好位，才能够做好管理，才能够获得企业内部的支持；格局定位，格局决定结局，定位好格局非常重要；目标定位，目标是方向的结果，是结果的动力；行动定位，没有行动也就没有结果。对于创业者而言，定位非常重要。由此我们可以得出一个结论：定位好方能得天下。

4. 有舍才有得

前面我们讲到马云的三修，其中包括舍。舍就是取舍，舍得。

现实中，舍得也代表一种企业经营智慧。

有一个非常精明的商人，他懂得“舍得”的智慧。这个商人从另一个商人那里购买了许多廉价的玻璃，然后将玻璃制作成鱼缸。换句话说，这位商人从事鱼缸生意。但是怎么能够把大量鱼缸卖出去呢？他想到了一个妙招。他来到另一个城镇，在一位金鱼商人那里购买了2000条金鱼。因为一次性购买很多金鱼，金鱼的价格很低。

这位商人的聪明之处在于，他并没有采取卖金鱼送鱼缸或者卖鱼缸送金鱼的办法，而是将2000条金鱼全部倒进城镇上的一条小水渠里。城镇居民看到小水渠里有很多漂亮的金鱼，便拿着网子捞鱼。捞到鱼的居民便来到商人的鱼缸摊位前询问：“您的鱼缸怎么卖?”这个城镇上只有他售卖鱼缸，于是，他有了定价的能力。居民花钱买鱼缸养金鱼，他的鱼缸也就不愁销路了。后来，捞金鱼的人越来越多，他的鱼缸也越卖越多，鱼缸价格也越来越高。

再后来，有一些没有捞到金鱼的人也开始买鱼缸。其中一位说：“金鱼我将来肯定能够捞到，但鱼缸晚买不如早买。”水渠里的金鱼少了，商人再次偷偷买了1000条金鱼倒进水渠里。通过这种方式，这个商人赚了一大笔钱。

这个商人是一个聪明的人，他懂得舍得的智慧。前面我们讲到“鱼饵引流”，企业投入“鱼饵”，能够吸引大量消费者上门。“鱼饵”不仅能够引流，而且能够刺激消费者的消费欲望，让消费者购买收费的商品。而那些只注重眼前利益的商人，恐怕就得不到那么好的结果了。

有一个从事外贸生意的商人，外贸生意受挫之后，他转型做内贸生意，但是企业内仍旧有大量的外贸产品需要变现。于是，他采取了一种外贸产品与内贸产品混卖的方式。

外贸产品与内贸产品区别较大，国内对外贸产品的需求较小。经过一阵营销，外贸产品销量非常低，商人并没有从中收回成本。此时有一位朋友建议：“与其将外贸产品卖掉，倒不如当作赠品送掉。”朋友的建议让这位商人非常生气：“这些外贸产品都是有成本的，而且成本很高。如果免费送，我是要赔很多钱的。”

几个月后，商人的外贸产品依旧没有卖出去，而且新问题来了，这些外贸产品的有效期快要到了，再不处理只能当垃圾倒掉。这位固执的商人依旧采取“售卖”而不是“赠送”的方式，他坚信自己的产品一定能卖掉。事实上，他的算盘打错了。没有一位消费者愿意花钱购买临期产品。有一位消费者说：“既然都快到期了，还不如当作赠品送出去，这样也能提升一下自己的形象。”

万般无奈，这位商人才松了口，开始赠送临期的外贸产品。拿到赠品的消费者却没有把临期的产品当回事，很多人随手扔掉了。

有人说："会花钱的人才会赚钱。"如果一个人舍不得花钱，也就没有赚钱的动力。或者说，一个人不舍得将钱投出去，也就得不到其他钱。钱是"鱼饵"，钱是"种子"。对于企业管理者而言，舍得分钱的老板才能够留住自己的员工。华为总裁任正非表示，华为不断壮大，就是为了挣到更多的钱。他还表示，希望员工能够对钱产生饥饿感，每看到一分钱都会说这是我的。

事实上，分钱是一种"舍"。把企业的一部分利润分给员工，员工得到了奖励，也就会更加卖力地工作。即使一个老板拿出50%的利润分给员工，剩余的50%的利润仍旧是老板的。如果员工工作积极，个人的绩效不断提升，企业也会获得更多的利润。

另外，分钱是管理的基础。一个舍得分钱的老板，才会得到员工的信任。因此，有人说："经营企业首先要分好钱。分好了钱，企业就是大家的；分好了钱，老板才能更好地和大家谈理想、谈使命、谈责任、谈价值观；分好了钱，员工才能对企业有归属感，员工对企业有了归属感，企业才能打造自己的文化。"

5. 以人为本

丘吉尔表示：你能面对多少人，未来就有多大的成就。事实上，对于一个企业而言，员工是企业的"台柱子"，离开了员工，企业运营也就会停止，客户是企业发展的“动力”，没有了客户，企业也就无法发展，股东是企业的投资人，没有了股东也就没有了企业。换句话说，企业离不开人，离开人就停止运行了。

如今，绝大多数的企业都采取以人为本的管理经营方式。围绕着人去设计管理和经营模式，才能够把企业管好、经营好。但是，许多企业管理者并不懂得什么是以人为本。以人为本，就是以人的需求为本。

（1）员工的需求。

员工的需求是什么？有一位企业员工说：“我希望能够在企业获得稳定的高工资，能够劳有所获，有所追求。”从这位员工的话里，我们听到了两个需求，一个是稳定的高工资，一个是精神上得到满足。

如今，许多企业老板向员工宣传“感恩”，并强调：“一名员工要有感恩之心才能够对得起企业给予的工资。”事实上，这样的宣传是毫无意义的。员工付出劳动拿到应该拿到的工资是理所当然的，企业老板与员工之间的关系是一种雇佣关系，或者说是一种合作关系，不存在谁给谁“恩惠”的问题。企业老板对待自己的员工，更应该大方。老板对员工好，员工就会为企业付出更多。

一位员工说：“我们一辈子在这里奋斗，总归要有一个名分吧。”什么是“名分”？名分就是企业能够认可员工，能够将员工的名字记入企业发展史册。有一位企业管理者说：“员工是企业的财富，离开这些财富，企业也就无法运行。因此，企业要好好珍惜这些财富，防止财富流失。”为了留住好员工，企业管理者总会提供更好的工作环境，承诺相对较好的工资福利待遇。员工的需求得到满足了，也就会留下来跟着企业一起发展。

还有一位员工说：“我的需求很简单，我希望能够在这家公司获得应有的尊重。”尊重需求是非常重要的，不过尊重是抽象的。老板尊重员工，员工就会尊重老板。员工的尊重需求得到满足，员工才会展示出自己的积极的精神面貌。哲学家洛克认为：“一种天性的粗暴，使得一个人对别人没有礼貌，因而不知道尊重别人的倾向、气性或地位。这是一个村鄙野夫的真实标志，他毫不注意什么事情可以使得相处的人温和，使他尊敬别人，和别人合得来。”企业尊重员工，员工才能够以礼相待。离开了尊重，彼此之间就会失去信任。

（2）客户的需求。

客户的需求也是非常简单的，他们认为能够解决自身问题的产品或服务就是好产品或好服务。

如今有一个词叫“问题专家”，所谓“问题专家”就是帮助消费者解决问题的企业。消费者饿了，企业提供食品解决消费者饥饿的问题；消费者想要吃味道好的食品，企业就需要改良配方，提供味道好的食品；消费者希望获得极致的体验，企业就要提供极致的服务。总之，只要客户的需求是合理的，企业就应该满足客户的需求。

客户的需求就是“金钱”，客户才是企业的“财神”。马云表示：客户第一，员工第二，股东第三。客户是最重要的，你把客户服务好了，他们就会付钱。第二重要的是员工，员工团结协作就能服务好客户。客户高兴了，员工就高兴，股东自然而然也会高兴。重视客户的阿里巴巴不但创造了财富，而且把财富与客户、员工、股东共享。客户思维就是满足客户的心愿，帮助客户实现梦想。阿里巴巴奉行“日落原则”。所谓“日落原则”就是企业要求客服人员在日落之前解决客户问题，并且对所有的客户都一视同仁。

（3）股东的需求。

对于许多企业管理者而言，为股东打工，给股东赚钱是头等重要的大事。股东投资企业，目的就是赚钱。股东们把钱交到企业管理者的手上，企业管理者就要满足股东们的需求。有一位企业管理者说：“股东提供原始资金给你创业，你赚到钱，就需要回馈股东。”

事实上，企业管理者就是股东们的“打工者”，他们为股东们打工，回馈股东们的方式就是让股东们赚到钱。股东们赚了钱，就会继续投钱；反之，股东们就会把股份抽走。

一个企业，不管它的终极使命是什么，满足员工的需求、客户的需求、股东的需求是它需要完成的事情。如果一个企业老板不把自己的员工当回事，只想欺骗消费者，不想按照约定的比例给股东分红，也就失去了天时地利人和，企业不会有好的发展。

6. 以心换心

什么是以心换心？就是用自己的心换别人的心。以心换心是一个人融入社会的重要方式。一个企业管理者不仅要掌握科学管理企业的方法，更要与员工、股东、客户做好心灵上的沟通。有一位企业管理者说："管理是沟通，而沟通要建立在心连心的基础之上。"

有一位企业老板姓蒋，这位老板灵活掌握了沟通术。有一次，他的企业生产车间发生了事故，导致一名员工重伤住院。此时，所有人都将焦点放在了蒋老板的身上，有人说："我们就是要看看蒋老板如何处理这件事情。"许多企业处理事故的方式就是罚款或者赔钱，但是蒋老板似乎并不认可这种简单粗暴的处理方式。

员工住院后的第三天，蒋老板便来到医院探望。受伤员工看到蒋老板拎着大包小包的营养品来探望自己，深受感动。蒋老板安慰受伤员工："对于你而言，当务之急就是把伤养好。对于企业而言，人比产品更重要。我需要你健康回到企业，继续贡献力量。"得到安慰的员工也向蒋老板表态："老板，有您这些话，我这辈子跟定您了。"

两个月后，受伤员工重新回到岗位上。但是事故责任并没有就此免除，蒋老板再次与员工进行沟通，让员工认识到规范操作的重要性。员工得到了正面而有效的“批评”，也向蒋老板承诺：“以后严格按照标准进行操作，绝对不视‘安全’如儿戏。”

蒋老板用一种心与心沟通的方式解决了问题，并且让许多员工信服。与此同时，蒋老板对待自己的股东十分用心。他说：“股东把钱交给我，就是信任我能够帮助他们打理好这笔财产。我是企业的管家，不是企业的直接拥有者，我所做的任何一件事都要让股东们感到安全。”

管理的高境界是什么？就是让员工主动为老板做事。管理是沟通的学问，老板能够与员工缔结稳定的合作关系，才能够让企业快速成长。如果一个企业老板只是一个“命令发布者”，怎么能服众呢？

有一个刚愎自用的老板，这个老板总是说一不二，从来不给员工讨价还价的余地。有一年，该企业准备筹建一个新项目，但是这个项目不被大家看好。新项目正式开始之后，企业就遭遇了市场寒流，不但没有赚钱，反而每个月都要赔钱。此时，这位老板将这口赔钱的“锅”甩给了员工和新项目的管理层，并说：“为什么其他公司都在赚钱而我们不赚钱？你们思考过吗？你们是不是需要为这件事负责呢？”于是，这位老板开始以绩效考核不达标为理由，扣员工的绩效奖金。许多员工的收入锐减，辛苦一个月只能够拿到平时工资的三分之二。

员工的利益受损了，劳资部门的一位主管坐不住了，便来到老板的办公室说："老板，员工们的工作积极性不高，您要不要换一种考核思路？这样下去，员工们可能会更加不开心。"这位老板说："他们开心了，我就不开心。我开心了，他们就不开心。世界上哪有员工指挥老板的？我看就这样吧。企业什么时候赚到钱了，他们的收入就什么时候恢复。"

此时，许多员工开始辞职，暂时离不开企业的员工则选择"消极对抗"。这个刚愎自用的老板不但没有自我反省，甚至对"挑头"的员工进行了停薪停职处分。老板与员工的关系越来越僵，企业也跟着受损。一年之后，这家企业人心惶惶，到了破产的边缘。股东会上，许多股东对老板说："要么你将位置让出来，要么我们现在撤资。"被逼无奈，这位老板才选择了妥协，决定与员工代表商讨如何帮助企业与员工止损。

有句话说得好：想要得到人心，就要以心换心。得人心是"将心比心，以心换心"的结果。如果一名企业管理者没有同理心，从来不与员工进行沟通和交流，就无法与员工达成一致，也就谈不上管理了。医生想要给病人治病，需要得到病人的信任。病人相信医生，才会配合医生的治疗工作。病人的疾病得到救治，医生的价值才能够得到体现。将心比心还是一种"换位思考"，能够站在别人的角度思考的人，才能够得到对方的真诚相待。不管对待员工、股东还是客户，都要用爱交换爱，用信任交换信任。人与人之间不仅仅是一场“交易”，还是一种心灵的交流。企业管理者用心交换员工的心，才能够得到员工的心；企业管理者用心交换客户的心，才能够得到客户的心。

7. 合理为止的智慧

合理就是恰到好处，刚刚好。因此，有人说：“合理就是一种‘不合理’，这种程度是很难拿捏的。”其实，合理就是解决问题时用相对简单、直接的办法。合理就是符合规律、合乎情理。此外，人们还常常提到一个词：“和谐”。合理就会和谐，不合理也就不会和谐。

有一个企业管理者王某非常重视企业的管理氛围。他说：“和谐的管理氛围才能够让企业发展。”于是，他努力营造一种“和谐文化”。什么是“和谐文化”呢？

讲民主。在这家企业，员工的“票”与董事会成员的“票”是一样的。公开投票选举时，员工的一票能够起到决定性的作用。除了决策性的问题，王某都会让员工参与企业的管理。员工的意见从某种程度上决定企业的管理局面，员工也把管理者当成“家人”，提出的意见代表一种“家庭意见”。总之，在这家企业内，员工与管理者的关系是一种平等合作的关系。

重视人性。王某是一个非常重视人性的管理者，他有一个

"私人平台"，他经常邀请员工来到这个平台上进行交流沟通。有一些有想法的员工需要平台，王某就尽可能地为他们提供这种服务。王某说："在企业里，我是保姆，我向员工们提供服务。"员工们也非常感激王某，声称王某是一个有人情味的老板。

互助。王某在企业内营造了一种互助氛围。员工之间不仅是一种工友关系，还是一种兄弟姊妹关系。企业内有"互助团"，一名员工遇到困难，大家都会想办法帮助他。通过这种方式，王某的企业形成了一种"帮帮文化"。在"帮帮文化"的引领下，这家企业的员工非常团结，凝聚力很强。

福利。一提到福利，许多人就会想到钱。事实上，这家企业的福利更多是精神福利。除了法定节假日之外，企业每年给员工额外的"七天假日"，并给予1000元的"假日补贴"，让员工带自己的家人出去放松、游玩。这种福利非常人性化，员工们结束假期回来之后，工作更有激情了。

通过以上四种方式，这家企业成了"和谐型"企业。员工工作认真、不闹事，管理者之间保持良性的互动。

对于一名企业管理者而言，如何才能够做到合理呢？笔者认为，大家可以按照以下方式去做事。

（1）合理做事不是做所有的事。

许多管理者事无巨细，唯恐大家做不好事，于是事事都管，事事都要操心。到头来，自己累得要命，甚至连做决策的时间都没有了。合理就是少做事，把事情进行分类，明确什么样的事必须亲自做，什么样的事可以分配下去。只有这样，管理者才有时间做决策，或者才有时间做一些平时敢想而不敢做的事情。有位企业管理者说："聪明的管理者是'不干事'的。"

（2）用正确的方式去做事。

什么是正确的方式呢？做事方式林林总总，其中有经典的、经过时间和实践检验的做事方式。企业管理者要选择一种正确的方式去办事，按照某种规律去办事。管理是"顺水推舟"。管理者要用一种"顺其自然"的方式去做事，不去苛求和强求。正确的做事方式是简单、清晰、逻辑严密的。选择这样一种做事方式，也就能够把事情处理到"合理"的程度。

（3）用积极的情绪去做事。

一个人需要管理好自己的情绪。好情绪能够带来积极有效的办法，坏情绪则完全相反。有人说："在成功的路上，最大的敌人其实并不是缺少机会，或是资历浅薄，成功的最大敌人是缺乏对自己情绪的控制。愤怒时，不能制怒，使周围的合作者望而却步；消沉时，放纵自己的萎靡，把许多稍纵即逝的机会白白浪费掉。"积极的情绪是做好事情的基础。如果一名管理者情绪低落，就不要进行重要的决策性工作；当情绪恢复原状，理性居于主导地位时，再进行决策性的工作。正如拿破仑所言：能控制好自己情绪的人，比能拿下一座城池的将军更伟大。

（4）试着去“妥协”而不是去“扭转”。

“一言堂”的表现是什么？就是让所有的人都听自己的，认为自己所说的就是对的。但是，在管理面前，没有绝对的对错。合理的不一定是对的，但一定是双方都认可的。因此，企业管理者要学会去“妥协”而不是去“扭转”。管理学是非常复杂的学问，它不是用一个公式就能够解释清楚的。许多管理者能够管好自己的企业，但是无法总结出一套“科学方法”，原因在于管理中有许多人性的、个性的东西，它们属于管理中的X因素，即变量。如果企业管理者通过合理的管理和运营，让这种变量变成常量，管理就取得了成功。另外，“妥协”并非放弃，是另一种坚持。只不过，这些“妥协”需要在某些条件下进行，而不是随口答应。

管理是一种智慧。良好的管理者让企业和谐，让管理顺畅，让员工积极配合自己的工作。

8. 唯一不变的就是改变

有句老话是“以不变应万变”。以不变应万变，就是守住自己的初心，能够忍辱负重，处变不惊，在充满诱惑的世界里坚持做自己。但是这种“不变”是不变内心或初心，而不是“固执己见”，形成执念。

有一个生意人，他从事茶叶生意。起初，茶叶生意非常好，他也赚了一大笔钱。后来，卖茶叶的人越来越多，茶叶生意也就不那么好做了。许多做茶叶生意的人开始互相竞价，茶叶的利润越来越薄。这位生意人坚持不落价，他说：“落价是他们的事，跟我没有关系。我的茶叶是最好的，最好的茶叶就必须要有一个好的价格。”

有一个人看上了他的茶叶，问他价格。他说：“我的茶叶好，但是贵，800 元一斤。”听到这个价格，那个人就说：“市面上跟你的茶叶品质差不多的，才 600 元一斤。你的茶叶太贵了。”许多来问价的消费者，听到这样的价格都离开了他的店。此时，生意人的妻子坐不住了，她说：“别人都落价，你为什么还要咬着高价不放？再过两个月就是秋天了，到了秋天就更不好卖了。”

事实上，夏季是饮茶高峰期。许多茶商趁着夏季高峰期，采取各种优惠活动将所有的春茶售出，然后将回收的资金用于中秋节和春节两个购物高峰期的备战。但是那位固执的生意人，整个夏天几乎没有卖出去茶叶，到了秋天茶叶就更卖不出去了。

这位生意人有一个老乡，他做生意的头脑十分灵活。他认为：经营策略要跟着市场的变化而变化。首先，他在夏季高峰期向消费者推出高性价比的茶叶，短短一个月就卖出去 10000 斤。夏季即将结束的时候，他又做起了秋季的商品生意。跟着时令季节和消费者需求的变化，他在不停变化。不变的是，他坚持产品的高品质，坚持高性价比。

以不变应万变并没有错，以变应万变也是对的。对于变的是什么，不变的是什么，企业管理者一定要胸中有数，这样才能够做好管理工作。在瞬息万变的市场面前，除了保持清醒的头脑和不变的价值观，更多时候，企业管理者还要以变应变，放下执念。

《孙子兵法》中有这么一段话："夫兵形象水，水之形避高而趋下，兵之形避实而击虚，水因地而制流，兵因地而制胜。故兵无常势，水无常形。能因敌变化而取胜者，谓之神。"这告诉我们，想要在战场上取得胜利，要借势而为，随着势的变化而变化。随机应变是谋战的重要方式，审时度势，随势而变才能够取得战略上的领先。如果我们不依照"势"的变化而变化，而是采取一种"守株待兔"的方式，恐怕最后等来的只能是空气。

正所谓："穷则变，变则通，通则久。"如果一个企业遇到发展瓶颈，人人都看不到希望，难道还要继续坚持吗？

有一家化工企业，它生产的产品早在十年前就遭遇过市场寒流，它能够坚持走到现在已经是奇迹。在全国，像这样没有转型的化工企业还有很多。后来，这家化工企业来了一个新老板，新老板是个年轻改革派，希望自己在任期内能够帮助企业转型。

为了转型，年轻老板组建了新管理团队。团队成立之后，成员便分组考察新产品市场，然后找准切入点，进行转型。由于这家企业缺钱，整个管理体系、人机配置都相对落后。于是该企业选择与另一家企业以“合资”的方式，投资一条新产品线。新产品线运行得非常顺利，产品顺利下线。这款新产品非常有市场竞争力，短短一年就给该企业带来3000多万元的纯利润。新项目赚到了钱，年轻老板就更有信心了。

后来，他去日本考察项目，与一家日本企业合资办了一家新企业，两个企业各控股50%，这家企业出人出地，日本企业出技术出钱。合资企业成立之后，借助先进的技术，生产的二十多款新化工产品都极具市场竞争力。运营两年，化工企业就实现了“咸鱼大翻身”。尝到了甜头之后，这家化工企业开始大量引进技术型人才，加大新产品的研发力度，并且逐步淘汰旧生产线。如今，这家曾经濒临倒闭的化工企业获得新生，拥有全新的产品，全新的运营团队，全新的渠道……以变应变的经营方式救活了企业。年轻老板说：“求变是求得先机，尤其在瞬息万变的市场面前，需要以变应变。不变的是我们的初心，我们坚持严格而科学的工艺，追求优越的产品和良好的工作环境。”

苏宁董事长张近东认为：很多企业创新转型不成功，并非没有看到趋势，而是无法承受短期的诱惑和压力，从而左右摇摆，瞻前顾后。创新一定会出现挫折甚至失败，我们既要有抵制诱惑的毅力，也要有经受挫折的勇气。大家不能漫无目的地创新、犯错。创新的目的是创优、创造价值。变，不能漫无目的，而要有目标、有想法、有准备。

9. 财富只是工具

有些人把财富看成一切，认为有了财富也就拥有了世界。许多人甚至为财所累，事实上，财富只是一种帮助人们实现梦想的工具。人也仅仅是暂时拥有财富。

孙某是一位成功的企业家，他不断扩大自己的商业集团，自己也拥有数亿元家产。但是孙某非常“累”，甚至一度得了抑郁症。有一位朋友劝孙某：“你现在什么都不缺了，应该停下来做点自己喜欢的事情。财富积累到一定程度，仅仅是一个数字。”

孙某没有接受朋友的建议，他说：“企业管理者就是要追求无限的财富。企业越大，赚到的钱越多，我才越有‘满足感’。”事实上，人的欲望是无限的，只有调整自己的心态，才能够让自己获得满足感。不得不说，孙某是一个成功的商人，但是他也有烦恼：他没有自己的时间，天天都很忙。

后来，孙某的妻子因为癌症住院，孙某不得不停下来照顾妻子。孙某的妻子说：“钱赚得再多，没有了身体，一切等于零。事业很重要，财富也很重要，但是都不如身体重要。”这一次，孙某听了妻子的话，抽出时间照顾家庭。

企业并没有因为孙某的离开而停摆，反而运行得更好。企业赚到了钱，孙某把一部分直接拿出来进行分红。钱散人聚的道理，相信许多企业管理者都明白；而那些抓着钱不放的人，反而得不到人心。孙某放下了对财富的追求，但是财富并没有离开他。有人问："这是为什么呢?"当一个管理体系健全后，所有的管理经营工作都可以靠流程去运转，也就不需要太多人为管理了。因此，孙某放下了财富，但是财富还是他的。

美国前总统柯立芝表示：财富是供人们使用的工具，不是供人们顶礼膜拜的神祇。如果人们错误地认为，财富就是一切，就会误入歧途。事实上，金钱能够解决的问题不是问题，金钱解决不了的问题才是问题。

有一个人有远大的理想，他想要制造并拥有一艘万吨巨轮。后来，这个人学习造船，并进入一家造船厂工作。几年之后，他积累了丰富的工作经验，于是辞职创办了自己的造船厂。

这个人是一个聪明而有魄力的人，他贷款扩大了自己的造船厂规模，专注于营销工作的他很快就拿到了无数订单。换句话说，他已经取得了成功，剩下的目标就是制造一艘万吨级的巨轮。随着财富的积累，他距离这个目标越来越近，很快实现了这个梦想。

实现了这个梦想之后，他并没有停下脚步，或者说，他开始追求"绝对的财富"。他认为：只要有钱，什么样的船都可以制造出来。有一次，为了完成一笔订单，他要求员工们加快进度，并强调时间就是金钱。此时，许多员工对他的这种做法嗤之以鼻，并私下发牢骚："难道员工就不是他的财富吗？只有金钱是财富？"

为了追求财富，他开始变得利欲熏心，甚至被员工称为"魔鬼老板"。不得人心，拥有这么多财富又有什么用呢？

比尔·盖茨表示："即使在今天，让自己真正感兴趣的也不是赚钱本身。如果自己必须在工作和拥有巨额财富两者之间进行选择，自己会选择工作。"领导一支由上千个有聪明才智的人组成的队伍比拥有一个巨额的银行账户更令人激动。真正赚到钱的人，不会给金钱当奴隶。

财富容易令人迷失方向，把一个人变成视财如命的人。而真正的富人思维是：财富是实现梦想的一个工具，财富能让管理更加得心应手。

10. 事业只能装点人生

许多人认为：事业比爱情重要。爱情没了可以再有，但是事业只有一个。于是，许多人努力打拼，即使抛弃一切也要拥有自己的企业和财富。还有一些人把事业当作点缀人生的一朵花，认为生命才是最重要的，事业是生命的一部分。对于一个职场人而言，事业仿佛是一切，所有的行为几乎都围绕着事业。但是，许多人在追求事业的时候，会感到疲倦，并感慨："我努力工作的目的是什么？"迷茫的人们，不但需要反思，而且需要调整，才能走出迷茫。

有一位企业管理者王某，他的事业非常成功。有一次他参加某企业论坛，并且在论坛上认识了一位朋友。这位朋友也是一名成功的商人，六十多岁，精神状态非常好。王某一直有一个困惑，于是向他请教："老先生，我仿佛失去了追求任何事情的动力，总是感到疲劳，力不从心。虽然我的企业很大，但是我并不觉得快乐。"

商人问王某："你的初心是什么？"

"我的初心是创办一家成功的企业，然后过上富足的生活。其实，我已经实现了自己的梦想。实现了梦想之后，我总觉得缺点儿什么。"王某说。

商人对王某说："既然已经实现了梦想，剩下的时间就应该学会享受生活啊。可以把管理的工作交给其他人，然后带着亲人去全世界走一走，散散心。不久前，我刚刚结束了游学，我在美国和欧洲游历了一年，感觉非常充实，而且学到了国外更先进的理念。"

论坛结束之后，王某放下手上的工作，将管理任务下分，然后换上休闲装带着全家去了一趟欧洲，之后又开始了另一项工作：骑行全国。之前他有一个梦想，就是骑着自行车游览全国。这个梦想是他大学期间的梦想，他决定实现这个梦想。他用了七个月的时间骑行，收获非常多。

回到事业中，他发现自己的精神状态有了明显的改变，仿佛找回了创业时的激情。他说："事业是生活的一部分，我们不应该把生活与事业剥离开来。工作是为了生活，但是生活不是只有工作。"后来，王某每一年都给自己一个假期，在假期里陪伴亲人，四处游玩，他又从生活中找到了真实的自我。

有一位企业管理者非常有智慧，他用经营家庭的方式经营企业。他认为：事业与家庭是分不开的。有一个稳定的、幸福的家庭，才有可能专注地工作。如果不是特别重要的出差，他总会带着妻子。可以说，他工作到哪里，"家庭"就会搬到哪里。

他认为，企业就是一个家庭，他是家长，员工是家庭成员。家长不仅要对家庭成员负责，而且要与家庭成员处理好"家庭关系"，只有"家庭和睦"，企业才能够稳定发展。另外，他的妻子在"治家"方面有很多心得，这位管理者从中学到了不少东西。他总结道："如果孩子开始哭闹了，肯定说明他遇到了问题。我们需要了解清楚，他为什么哭闹，如何才能制止他的这种行为。"放在企业中，就是管理者需要去与员工沟通，了解事情真相，用一种"彼此都能接受的方式"去解决问题。

另外，家庭的和谐、幸福让这位企业管理者有了一种"掌控感”。他说：“如果我能经营好自己的小家，我也就能管理好我的大家。”大家是事业，小家是家庭；小家也是事业，大家也是家庭。因此，这位充满智慧的企业管理者事业、家庭双丰收。

人生有很多种活法，但是只要事业不要生活的活法不是一种好的活法。稻盛和夫在自己的《活法》一书中表示：究竟要选择两条路中的哪一条，当你犹豫彷徨时，建议你远离自我利益，选择那条充满荆棘的道路，因为这是人生“本来应该”走的路。我们就是要选择这种愚直的、艰辛的生活方式。事业是一个人的“自我利益”，当这种“自我利益”带来痛苦的时候，我们就应该及时停下来。虽然事业很重要，但是一个人的生命、家庭更重要。事业并不是“必需品”，生活才是。企业管理者和职场人都应该平衡事业与家庭、事业与理想、事业与道德、事业与生命的关系，学会经营自己的人生，才能够完成自己的人生事业。